신들의 고향,
제주를 걷다

신들의 고향, 제주를 걷다

길에서 만나는 제주 신화

여연 지음

알렙

들어가는 글

제주는 신화의 섬이라고 불릴 만큼 많은 이야기를 전승하고 있다. 그러면 수백 편의 신화에 등장하고 있는 신들은 어떤 신들일까? 비교적 널리 알려진 '자청비'나 '강림도령', '대별왕과 소별왕' 외에 또 어떤 신들이 있을까? 이 글은 제주 마을이 전하는 신화들, 몇몇을 제외하고는 먼지에 싸여 존재감이 희미해진 서사들을 햇살 아래로 끌어내고자 하는 마음에서 시작되었다.

그동안 민속학자들이 마을에 전승되고 있는 신화들을 구술 채록하여 두툼한 책으로 정리했다. 하지만 서사구조를 갖추고 있는 것들이 많지 않고, 토박이들도 의미 파악이 어려운 제주어들로 인해 제대로 읽어내기가 쉽지 않다.

이렇게 구술 채록된 본풀이 중에 그런대로 서사를 갖추고 있는 것들을 중심으로 정리해 내리라 마음먹었다. 직접 발로 뛰면서 본풀이를 채록한 선배 학자들을 생각하면 책상에 앉아서 읽는 것도 호강에 겨운 일이라 생각하며 개미행렬처럼 작은 글자에 돋보기를 들이대었다.

시작이 반이라고 일단 동료들과 함께 읽고, 토론하며 답사를 병행하다 보니 진도에 탄력이 붙었다. 그 과정에서 새로운 내용을 발견하거나 깨달음이 뒤따르면 백사장에서 금싸라기라도 주운 듯 기뻐서 소리를 지르기도 했다.

신화는 말 그대로 신에 대한 이야기이다. 그러나 신에 대한 이야기라고 해서 모두 신화가 되는 것은 아니다. 신화는 성스러운 이야기로서, 반드시 신앙민과 의례가 뒤따라야 한다. 그런 의미에서 제주 신화는 지금도 신앙민들의 제의에서 구술되고 있으니, 전통성과 생명력을 동시에 가지고 있는 서사라 할 수 있다.

마을에는 권능에 따라 여러 신들을 모시고 있다. 조천읍 함덕리에는 신을 모시는 신당이 열네 곳에 이르렀다는 기록이 있고, 성산읍 태흥리와 온평리에도 열 곳이 넘는 신당이 있는 것으로 조사되었다. 제주도 서쪽 지역에도 도깨비 신화나 영등 신화처럼 제주의 민속 문화를 형성하는 내방신들의 서사를 간직해 오고 있다.

신화 유적지 답사를 다닐 때, 마을 길이 복잡하여 위치 파악이 어려울 때는 건물들 위로 올려다보았다. 지붕들 사이 우람하게 솟아오른 나무가 보이면 그곳이 신의 좌정처일 가능성이 컸기 때문이다. 사람들은 신목은 함부로 훼손하지 않았고, 신목을 훼손했다가 동티가 나서 죽었다는 이야기들도 심심찮게 전해 온다. 민가에 있으면서도 몇백 년의 세월을 버틸 수 있었던 이유이다.

언젠가 EBS 〈세계테마기행〉에서 본 인상적인 장면이 있다. 불교 국가인 캄보디아에서 사람들이 숲의 나무들을 무단으로 잘라가는 일이 끊이지 않자 보호하고자 하는 나무에 스님의 옷을 묶어놓았다. 그러면 사람들은 그 나무에서 신성을 느끼고 벌목하지 않는다고 한다. 제주에서 신화는 자연을 대표하는 신목과 그 주변을 함부로 훼손하지 못하게 하는 승복의 역할을 하는 것이다.

정보사회에서는 모든 것이 경제 논리에 휘말려 낱낱의 정보로 파편화되며 서사가 사라진다. 서사를 잃어버린다는 것은 공동체의 구심점이 사라지고 있다는 말이기도 하다. 그런 의미에서 마을에 전해 오는 신화를 공유하고 보존하는 것은 공동체의 정체성을 확보하고, 자연의 신성성을 되찾아오는 일이라고 생각한다.

이 글에서 정리한 마을 신화들은 진성기의 『제주도 무속본풀이 사전』(민속원)과 현용준의 『제주도 무속자료사전』(각출판사)의 구술 채록 자료를 바탕으로 했다. 그 외에도 다른 자료에서 발견한 신화들을 몇 개 포함했다. 그리고 지역에 대한 정보는 제주특별자치도에서 발간한 향토지와 제주도교육청에서 펴낸 『학교가 펴낸 우리 고장 이야기』의 내용을 주로 참고했다.

이 글은 제주 마을에 전하는 신화들을 보다 많은 사람들과 공유하는 것이 목적이다. 그래서 읽기 편하게 풀어내면서 길어지지 않게 말을 아꼈고, 해설보다는 감상과 공감을 우선했다.

제주 신화를 이해하기 위해서 알아야 할 몇 가지 용어를 간단하게 정리해 보았다. 제주에서는 신화를 본풀이라고 하는데, 신의 본을 푼다는 의미이다. 그중 마을 신당에 전승되는 본풀이를 당본풀이라고 한다. 그 외에 천지창조나 죽음, 직업, 운명 등 일반적인 내용을 담고 있는 일반 본풀이와 조상을 신으로 섬기는 조상 본풀이가 있다. 이 글에서는 신화와 본풀이란 용어를 두루 사용했다.

좌정한 여러 신 중 마을 일 전반에 대해 권능을 행사하는 대표신을 본향신이라 하고, 본향신이 좌정하고 있는 신당을 본향당이라고 한다. 본향신을 '토주관(土主官)' 혹은 '토지관(土地官)'이라고 부르기도 하는데, 그 신이 일정 지역을 차지하고 있다는 의미이다. 그래서 제주 마을은 신앙권을 중심으로 형성되었다고 할 수 있다.

마을에서 신을 모시고 의례를 행하는 신앙민들을 단골이라 한다. 보통 나이에 따라, 혹은 중심이 되는 집안에 따라 상단골, 중단골, 하단골로 나눈다. 그리고 신의 일을 도맡아 하는 무속인을 심방이라고 하는데, '신의 형방'을 줄여서 부르는 이름이라고 본다. 마을에는 신들에 대한 제사를 도맡아 하는 매인심방을 정해 두었다. 신당에 따라서 매인심방이 4대, 5대째로 이어지는 경우도 있다.

마을의 신들은 큰 집에 좌정하고 있다고 해서 한집님이라고도 부르며, 다른 마을에서도 같은 신을 모시게 되면 '가지 갈라갔다'고 한다. 보통 시집을 가거나 하면, 친정 마을의 신을 모시고 가서 자리를 마련하고 모시는 경우도 많았다.

이 글을 정리하고 책으로 엮기까지 동료들의 격려와 도움말이 큰 힘이 되었다. 인문학자다운 상상력으로 신화 속 화소에 돋보기를 들이대면서 문화 질서라는 금싸라기를 걷어 올리는 강순희 신화 연구가, 제주도 곳곳에 있는 신당들을 찾아내어 신화 지도를 완성해 가는 김일령 사진작가, 다양한 관심과 열정으로 이야기꽃을 피우며 답사길을 풍성하게 채워주는 홍죽희 신화 연구가에게 고마운 마음 가득하다. 작품이 반짝반짝 빛날 수 있게 애써주신 알렙 출판사에도 존경과 경의를 표하고 싶다. 마지막으로 소장된 무신도 사진 파일을 제공해 주신 제주대학교 박물관 측에 감사의 마음을 전한다.

2024년

여연

차 례

들어가는 글 ◆ 7

01 제주 신화의 보물창고, 구좌와 우도

소박하고 유쾌한 서사, 우도 목지당 신화 19

동복마을을 일으킨 굴묵밭당 할마님 24

체오름 앞 사라흘당의 사냥신 30

송당본향당의 백주또와 소천국 34

바다와 대륙을 평정한 영웅신 김녕의 궤네깃도 40

행원의 사연 많은 무신도와 풍자 가득한 중놀이 49

황토 고을에서 내려온 월정의 서당할망 55

세화리 본향당의 천자또와 백주또, 금상님 63

02 바다와 산을 품은 조천의 신앙

마을의 재난을 신의 분노로 담아낸 북촌 가릿당 79

이승의 염라대왕 초낭골당 대방하르방 85

열다섯 소녀의 한이 서린 신흥리 볼래낭할망당 88

해녀와 어부들을 지켜주는 새콧할망 91

와산 불돗당 옥황상제 따님아기 95

벼락장군 모신 와산 베락당 100

와흘본향당의 백조도령과 서정승 따님아기 105

03 구구절절 사연 많은 우리 곁의 신성

삼달본향당의 황서국서 어매장군 113

성산의 터줏대감, 명오부인 118

수산진성에 묻힌 소녀의 울음 121

시흥리 본향당의 고운 옷감에 묻어 온 신령 124

잃어버린 소를 찾아주는 신풍리 자운당 128

가슴 아픈 사연을 품은 신천리 본향당 현씨일월 132

신이 되어 돌아온 문씨 아기씨 136

다산과 치병의 여신, 토산 웃당 신중부인 142

여인들의 신, 토산 알당 방울아기씨 153

잠수와 어부들을 차지한 바람의 여신 세명주 162

04 마을을 세운 한라산의 신

신을 모욕한 허좌수의 몰락, 남원 예촌 신화 169

보목리 조노깃당의 산신 바람웃도 173

서귀본향당 바람웃도와 고산국, 지산국 자매 178

도순마을을 꽃 피운 여래화주 182

색달마을을 연 당동산 백관또 186

중문 불목당 용궁아기씨의 외로운 처지 189

05 산방산 들녘에 피어난 신들의 이야기

덕수리 광정당에 전해 오는 한라산신 삼형제 197
광정당의 흙으로 만든 신상 200
화순 고성목당에서 만난 신화와 전설의 영웅 204
사계리의 논농사를 일으킨 큰물당신 208
감산리 본향 도고샘이 일뤠당 신화 212
홀로 마라도에 남겨져 죽은 소녀의 애기업개당 216
대정읍 신평리 일뤠당과 이재수 장두 221

06 금악의 신과 바다를 건너온 내방신들

금악계 신의 계보를 이룬 정좌수 따님아기 227
농경 사회를 연 정좌수 따님아기 233
한경면 낙천리의 생업 수호신 도깨비 236
고산리 당산봉 기슭의 차귀당 241
한림읍 한수리 대섬밧당의 영등대왕 246

07 애월에서 만난 당신

김통정을 처단한 고내리 큰당의 세 장수 253

금성리 개똥밧당 칠성신 258

애월읍 상가리 큰신머들 하르방당 262

유수암당의 김장수 268

유수암의 설촌 영웅 홍좌수 271

08 신들의 군웅할거 제주시

표석으로 남아 있는 광양당의 탐라 수호신 277

제주시 삼도동 각시당의 별공주아기씨 281

용연 냇가 궁당에 자리 잡은 다산의 여신들 285

외도동 두리빌렛당에서 만나는 민초들의 생명력 289

부의 신이 좌정한 화북 윤동지영감당 294

소별왕과 대별왕을 본향신으로 섬기는 마을들 299

비극의 사연을 품은 다랑곳 와당당 막개당 303

소문난 잔치에 볼거리도 많은 칠머리당 영등굿 306

과거의 영화를 품은 용담 내왓당의 무신도 310

01
제주 신화의 보물창고, 구좌와 우도

구좌읍 송당리는 제주 신화의 성지이다. 강남천자국에서 들어온 백주또가 사냥신인 소천국과 혼인하여 송당에 자리를 잡고 아들 열여덟, 딸 스물여덟을 낳았다. 이들 아들딸들이 줄이 뻗고 발이 뻗어 손지방상 삼백일흔여덟이 되었고, 여러 마을로 퍼져나가 신으로 좌정했다. 그래서 백주또를 제주 당신의 어머니라고 한다. 구좌에는 송당 외에도 여러 마을에서 신화적 상상력이 돋보이는 당본풀이를 전승하고 있다. 구좌를 마을 신화의 보물창고라고 보는 이유이다.

성산포 바로 앞에 위치한 우도에도 마을마다 여러 신들이 좌정하고 있다. 대부분 해녀들의 무사안녕을 지켜주는 용왕신과 선왕신이다. 그런데 이 조그만 섬에 목축과 관련 있는 산신이 좌정하고 있어 눈길을 끈다.

소박하고 유쾌한 서사, 우도 목지당 신화

"성산포 동남쪽 뱃길 따라 십오 분, 외로운 섬 하나 소들의 고향, 그 누가 아무리 자기네 땅이라 불러도 소섬은 우리 땅, 우리 땅!"

이십 대의 마지막 시절 우도에 있는 중학교에서 교사로 근무할 때 우리 반 아이들이 불렀던 노래 가사이다. 아이들은 〈독도는 우리 땅〉을 개사해서 '소섬은 우리 땅'이라고 했다. 오랜 시간이 흘렀어도 우도를 생각하면 개구쟁이들이 빽빽 소리 지르며 불렀던 이 노래가 먼저 생각나곤 한다.

최근 이 노래처럼 소박하면서도 유쾌한 우도의 목지당 신화를 만났다. 다른 신화들에 비하면 아주 짧은 서사인데도 행간에 실린 의미가 예사롭지 않았다. 우도에 뿌리를 내렸던 삶과 문화와 역사가 서사에 담겨 있었기 때문이다.

> 소섬에 소와 말을 많이 길렀으니,
>
> 소와 말을 지켜주시는 산신님께 제를 올립니다.

칠월 마불림제를 올릴 때 마지막으로 말놀이를 합니다.
옛날에 농사꾼이 여름 농사로 조를 많이 심었는데,
말축(메뚜기)이 떼로 몰려 잎이며 고고리며 다 먹어치우난
그해 농사는 건질 거 하나 없이 흉작이 되었수다.
그런 일이 있고 나서 말놀이할 때 닭을 두어 마리 내어놓고
무명으로 코를 꿰어 몰면서 섬을 한 바퀴 돌아다닙니다.
경허난 말축이 모두 달아나서 해를 피할 수 있어수다.
나중에는 해충에 잘 견디는 감자 농사도 많이 지어수다.
단골들이 당에 와 정성으로 제사를 지내면
한집님이 앞길을 훤히 열어줍니다.

우도는 여자들의 활약이 커서 딸 많은 집이 부자라는 말이 있을 정도다. 물질과 함께 천초(우뭇가사리)와 감태, 톳 등 해산물을 채취하는데 딸들이 제 몫을 톡톡히 했다. 학교 행정실에서 근무하던 아가씨도 우도의 해녀였다. 눈길을 잡아끄는 미모에 성격이 싹싹해서 인기가 있었는데, 물질 실력이 뛰어나다는 소문까지 파다했다.

이렇게 해녀들의 물질이 주요 생계 수단인 우도에는 용왕님을 모시는 돈짓당이 많다. 우도에 있는 신당 아홉 곳 중 여섯 곳이 돈짓당이다. 해녀들은 물에 들고 날 때 돈짓당에 가서 무사 안녕을 빌었다. 특히 천진동에 있는 돈짓당에서는 영등 송별제를 열어 영등 바람신을 배웅한다.

영등신은 음력 이월 초하룻날 한림읍 귀덕리로 들어와서 보름 동안 제주섬을 돌아다니며 소라와 전복 등의 씨앗을 뿌려주고 나

서 우도로 빠져나간다. 그래서 우도의 영등 송별제에서는 굿이 끝나면 심방과 아낙네들이 배에 올라 해산물 풍작을 기원하며 바다에 씨를 뿌리고 춤과 노래를 부르며 포구로 돌아온다고 한다.

이렇게 우도는 바다 밭을 일구며 살아가는 섬인데, 전승되는 신화는 산신을 모시는 목지당 본풀이였다. 소와 말을 많이 길러 산신께 제사를 올리고 말놀이도 했다니 우도에 큰 목장이 있었단 말인가. 우도에서 생활하는 동안 목장을 본 기억이 없어 서사에 실린 사연이 자못 궁금했다. 그래서 관련 기록을 찾아보았고, 전혀 예상하지 못했던 역사를 알게 되었다.

이원진의 『탐라지』에는 1697년 제주목사가 무인도였던 우도에 목장을 만들어 말을 방목했다고 기록하고 있다. 그러니까 우도 전체가 하나의 목장이었던 셈이다. 사방이 바다로 둘러싸여 있으니 따로 울타리를 칠 필요도 없었으리라. 그러다가 제주의 본섬 백성들이 꾸준히 우도 개간을 요청했고, 마침내 1842년에 경작지 개간을 허락받았다.

그때부터 소와 말들을 본섬으로 옮기고 대신 사람들이 우도에 들어가 살면서 밭을 일구었다. 우도에 소와 말들의 배설물이 넘쳐나니 개간한 밭들이 참으로 기름졌다고 한다. 그러니까 우도의 목지당 신화는 이러한 설촌 역사를 담고 있는 것이다. 그러고 보면 아이들이 불렀던 '소들의 고향'이라는 노래 가사도 찰떡같이 우도의 역사를 대변한 셈이다. 더구나 아이들은 2절 가사에 우도 바다의 각종 해산물을 쭉 불러주는 배려도 잊지 않았다.

보통 당굿 말미에는 놀이가 펼쳐진다. 신화에 해당하는 '신의 본'을 풀고 그것을 대본으로 놀이를 연출하는 것이다. 아기를 키워주는 산육신의 일뤠당에서는 '아기놀림'이, 칠머리당 영등굿에서는 '영감놀이'가, 여성의 순결을 지켜주는 뱀신 방울아기씨의 토산 여드렛당 당굿에서는 '방울풂'을 했다. 그리고 사냥과 목축의 신을 모시는 당에서는 사냥 의례를 상징하는 산신놀이가 펼쳐진다.

산신놀이를 할 때는 주변 일대를 무대 삼아 노루 대용으로 닭을 잡으러 다니는 사냥 흉내를 낸다. 그러다가 마침내 사냥에 성공했다고 하면서 닭을 잡아 더운 피는 산신에게 올리고, 털이나 창자 등 찌꺼기들은 '산신군졸' 하위 신들의 몫으로 흩뿌리고, 모이주머니를 잘게 나누어 마을 어른 순으로 한 점씩 인정을 받으며 나눠준다. 단골들은 고기 한 점 받으며 인정으로 돈을 올려놓는데, 이때 먹는 고기 한 점이 모든 병을 낫게 하고 액을 막아준다고 보았다.

목지당 본풀이를 보면 말놀이를 하면서 말 대용으로 닭을 내세워 코를 꿰고 섬 한 바퀴 돌았다고 하고 있다. 섬 전체를 무대로 삼은 것이다. 메뚜기와 같은 곤충의 해를 예방하기 위한 상징 놀이라고 하는데, 어떤 현상을 모방함으로써 원하는 결과를 얻을 수 있다고 보는 유감 주술의 현장이다.

닭을 몰면서 섬을 한 바퀴 도는 어른들과 그 뒤를 졸졸 따라다녔을 아이들을 떠올려보라. 상상하는 것만으로도 웃음이 터져 나오지 않는가. 신화학자 정재서는 "축제를 통하여 인간은 신화의 시간으로 되돌아가고, 태초의 창조와 갱신의 힘을 다시 획득할 수 있는 것이다."라고 했다. 우도의 말놀이 역시 어른 아이 하나 되어 즐기는 연희로, 공동체는 새로 태어나는 것과 같은 삶의 활력을 얻을 수

우도봉에서 내려다본 풍경.

있었으리라.

요즘 우도는 밀려드는 관광객들로 섬 전체가 북적북적한다. 여행객들이 탄 소형 전기 차와 자전거들이 해안 길은 물론이고 주택가 골목길까지 쌩쌩 달린다. 하지만 급한 마음 내려놓고 꼬닥꼬닥 걸으며 주위를 둘러보자. 그러면 가까운 곳에서 정성으로 마련해 놓은 신의 제단을 만날 수 있을 것이다. 그곳에 다가가 마음을 모으고 절을 올리며 우도의 삶과 문화를 들여다보는 것도 좋으리라.

동복마을을 일으킨 굴묵밭당 할마님

스피커가 없었던 시절, 궂은일이나 잔치라도 있으면 높은 동산에 올라 소리를 지르며 마을 사람들에게 소식을 알렸다. 그러면 사람들이 몰려와 내 일처럼 도와주었다고 하는데, 바로 구좌읍 동복리 마을 이야기이다. 그야말로 마을 공동체에 딱 맞는 풍경이 아닌가.

동복마을에는 설촌 조상을 신으로 모신 당이 있다. 바로 굴묵밭당이다. 이곳에 전승하고 있는 굴묵밭당 본풀이는 설촌 조상을 신으로 모시게 된 서사를 담고 있다.

동복에 사람이 살지 않았을 때 할마님이 한라영산 오백 장군께 분부를 받고 굴묵밭에 들어와 마을을 설립했다. 할마님은 놀란 아이들 넋도 들이고 아픈 아이 낫게 해주며 살다가 나이 백 살이 되어 죽을 때가 되니 자손들을 불러다가 일렀다.

"내가 남녀 구별 않고 지내다 죽게 되었으니, 당집을 지어 위하라.

그러면 자손들 가지 뻗게 하고, 마소 번성하게 하고, 오곡 풍년 들게 해줄 것이다."

자손들이 할마님 분부에 따라 당집을 지어 마을의 신으로 모시기 시작했다.

할마님은 염라대왕의 명을 받은 차사를 따라 황천길에 들어갔다. 먼저 저승의 재판관이 할마님께 인간 세상에서 무엇을 했는지 따져 물었다.

"저는 동복리 마을을 설립했고, 자손들이 편안하게 지내도록 돌보았습니다. 농사짓는 법을 가르쳐주고, 상단골, 중단골, 하단골 자손들의 액운을 막아주고, 어린아이들 명을 길게 해주었습니다."

저승 재판관이 할마님에게 호통을 쳤다.

"너에게 죄가 있음을 알겠느냐?"

할마님이 크게 놀라 되물었다.

"저의 죄가 무엇이옵니까?"

"너를 대신해서 인간 자손 돌볼 이를 정하지 아니하고 죽은 것이 죄가 된다."

그제야 할마님이 죄를 인정하고 자신을 대신해서 자손들을 돌보아줄 토지관을 찾아보기로 했다. 천기를 짚어보니 마침 송도 송악산에서 솟아난 송씨 하르방이 좌정할 곳을 찾아 이리저리 둘러보고 있었다.

굴묵밭 할마님은 용왕황제국에 부탁하여 송씨 하르방에 현몽을 주었다. 송씨 하르방이 꿈을 꾸었는데 용왕황제국도 눈에 뵈고, 물길 뱃길이 열리는 것도 보았다. 송씨 하르방은 용왕황제국에서 자리를 알아봐 주시려나 보다 기대하면서 좌우 천기를 짚어보았다. 그러자 제주섬 동문 밖 동복마을이 눈에 들어왔는데, 이곳에 좌정하면 인간 자손 가지 뻗고, 말이며 소가 번성할 듯했다.

송씨 하르방이 송도 송악산에서 내려와 배를 타고 바다를 건너는데, 제주 물마루에 가까워지니 굴묵밭 할마님이 신불, 연불을 피우며 길을 인도하고 있었다.

할마님은 송씨 하르방을 맞이하면서 말했다.

"벌써 나와 기다리고 있었다. 여기로 오게 된 연유를 알겠느냐?"

"용왕황제국에서 좋은 자리를 봐주어 오기는 왔으나, 무슨 연유인지 모르겠습니다."

"내가 이 마을을 설립하고 자손들을 돌보다가 죽어 황천길을 가게 되니 나를 대신해서 자손들을 돌보도록 그대를 불러들인 것이니라."

"그러면 제가 이 마을 토지관이 되어 자손들을 보살피겠습니다."

송씨 하르방이 굴묵밭 할마님의 지시를 받아 마을 자손들을 불러놓고 자초지종 설명을 하니, 자손들이 모두 기뻐했다.

"할마님 말씀이 모두 다 옳은 말씀이니, 할마님 대신해서 저희를 지켜주십서. 저희가 하르바님께 어찌하면 좋겠습니까?"

"있는 단골집이랑 석 달에 한 번도 좋고, 없는 집에서는 여섯 달에 한 번도 좋다. 굴묵밭 할마님께는 초이레 정성을 들이고, 부족하면 열이레 정성을 들이고, 또 부족하면 스무이레 정성을 들이라. 있는 집에서는 일 년에 세 번, 없는 집에서는 일 년에 두 번이면 된다."

그러자 단골들이 이구동성으로 말했다.

"있다고 해서 세 번 가고, 없다고 해서 두 번 갈 것이 아니라 성의가 있으면 다달이 가는 것도 좋을 듯합니다."

단골들은 하르바님께 어느 곳에서 지낼 것인지를 물었다.

"나는 인간 세상에서 떨어진 곳이 좋다. 너무 멀리 떨어지게는 하지 말고 팽나무 그늘이 가장 좋다. 천 년을 놔도 안 부서지고 만 년을 놔도 안 부서지는 바위가 좋다. 이제 내 모습을 보기 어려울 것이니 대신 석상을 만들어 세워놓아라."

물동산 천년 팽나무 아래에 자리를 마련해 드리니, 하르바님께서 자손들에게 일렀다.

"나는 앉아서 천리를 보고, 서서 만리를 보느니라. 한 달 내내 마을을 돌아보면서 궂은 일이 있으면 옥황상제와 저승 염라대왕, 용왕황제국을 다니면서 잘 풀리게 도와줄 것이다."

송씨 하르바님이 물동산 천년 폭낭 팽나무 아래 좌정하여 마을을 보살폈다. 마을 사람들도 굴묵밭 할마님과 송씨 하르방을 토지관으로 모시고 변함없이 정성을 올리고 있다.

"동복리에 사람이 살지 않을 때, 관아에서 이 지역 하망동산에 봉화대를 설치하고 이씨를 망별장으로 임명하여 지키도록 했다. 이 별장에게는 딸 하나가 있었는데, 아버지를 따라 하망동산에 다니다 보니 해안 풍경이 아름답고 해산물이 풍부한 이곳이 마음에 들었다. 이 별장 딸은 이곳에 터를 잡고 살면서 박씨 댁에 출가해 딸 넷을 낳았다. 네 딸들도 동네에 뿌리내리고 살면서 혼인하고 자식을 낳아 마을을 형성했다."

이 내용은 향토지에 실린 동복의 역사를 정리한 것이다. 바로 신화 속 설촌 조상인 할마님 이야기이기도 하다. 동복마을 사람들은 마을을 일으킨 할마님을 신으로 모시면서 매년 음력 정월 7일과 17일 중 택일해서 당굿을 열고 있다.

할마님이 좌정하고 있는 굴묵밭당에 가보면, 자손들의 정성을 그대로 느낄 수 있다. 야외에 있는 당들은 풀에 뒤덮이거나 쓰레기가 쌓여 있기 일쑤인데, 어찌나 깔끔하게 잘 정비해 놓았는지 은근히 감동할 정도다. 오랜 세월 자리를 지켜온 신목 팽나무가 위용을 자랑하고, 깔끔하게 둘러놓은 당 울타리와 담쟁이덩굴이 삿된 기운을 막아내고 있는 풍경도 아름답다.

동복리는 조천읍과 경계 지점에 있는 구좌읍의 첫 동네이다. 동복의 옛 이름 '곰막'은 경계에 위치한 작은 마을을 뜻한다. 작은 마을이다 보니 농사지을 수 있는 땅이 많지 않았고, 얼마 안 되는 농토는 대부분 자갈밭이어서 소출도 많지 않았다. 바다 또한 암석 지대라 수심이 낮은 탓에 좋은 포구를 만들 수도 없었다.

이렇게 척박한 자연환경 때문에 사람들은 물질을 하며 바다에 기대 살아야 했다. 그래서 집마다 해녀들이 있었고, 소라와 전복, 톳이며 우뭇가사리, 미역 등을 채취하면서 자식들을 키웠다. 마을 앞 바다에서 삶을 일구어야 하는 사람들에게 한 할머니의 자손이라는 유대감은 고단한 삶을 견디게 하는 지주이자 힘이 되었을 것이다.

바닷가 마을 동복에 처음 가봤을 때, 포구 앞 목 좋은 곳에 있는 무인카페에서는 무료로 나그네에게 쉼터와 음료를 제공해 주고 있

잘 정비되어 있는 굴묵밭당에 마을 공동체의 정성이 담겨 있다.

었다. 하망동산 근처 예쁜 집 정원을 기웃거리다 운 좋게도 마을 이야기와 함께 귤 몇 개 쥐여주시는 할머니도 만났다. 길손에 대한 대접이 융숭하여 외할머니댁에 온 것처럼 마음이 푸근해졌던 동네가 바로 동복이다.

체오름 앞 사라흘당의 사냥신

구좌읍 송당리에 있는 체오름은 오름 모양이 곡식을 거르는 체와 같다고 해서 붙여진 이름이다. 체오름에 올라 주변을 바라보면 한라산 기슭에서 굽이굽이 내려오는 오름들이 장쾌하게 펼쳐진다. 그 옛날 수렵 시대 사냥터의 광경이 이러했을 터이다.

체오름 분화구 안에는 사라흘당이라는 신당이 하나 있었다. 일제강점기 일본군이 훼손하는 바람에 체오름 근처 수풀 속으로 옮겼는데, 주로 사냥하는 사람들이나 마소를 돌보는 사람들이 다녔다고 한다. 이 사라흘당에 짤막한 본풀이가 전승되고 있다.

> 불 잘 놓는 정포수, 개 잘 때리는 정살이
>
> 길이 반듯한 마세총으로
>
> 노루, 사슴, 작은 돼지, 큰 돼지 잡아다
>
> 설은 빼다 신께 드리고, 가죽은 팔고, 고기는 먹고
>
> 남은 것은 분육을 합니다.

산신백관 한라산신께

잔도 일곱 올리고, 제물도 일곱 올립니다.

체오름 앞에 말을 키우게 되니

애월 구엄리 신엄리 송씨 하르바님, 송씨 할마님께도 제를 올립니다.

정월 초사흗날, 이월 초사흗날, 칠월 초사흗날, 시월 초사흗날

덕천 송당 단골들이 다니는 당입니다.

어찌하여 하필이면 체오름 분화구 안에 사라흘당을 설립했을까. 마침 『구좌읍 역사문화지』에 사라흘당의 유래에 대한 이야기가 소개되고 있다.

사냥하기 좋아하는 송씨 성을 가진 사람이 이곳저곳 돌아다니다가 체오름 앞 사라흘 못에 사슴과 산돼지들이 자주 모이는 것을 보았다. 송씨는 열심히 활을 쏘았지만 웬일인지 한 마리도 잡을 수 없었다. 힘이 빠진 송씨가 잠시 쉬다가 깜빡 잠이 들었는데 꿈에 백발노인이 나타나더니 송씨를 꾸짖는 게 아닌가.

"내가 키우는 짐승을 잡으려면 나에게 먼저 대접해야지 않겠느냐?"

꿈에서 깬 송씨는 부랴부랴 집으로 달려가 부인에게 자초지종을 얘기했다. 부인은 예사로운 꿈이 아닌 것 같다며 제물을 장만하고 산신께 제사를 올렸다. 그러자 송씨는 사냥을 갈 때마다 백발백중으로 노루며 산돼지들을 잡을 수 있었다.

사냥꾼 송씨에 대한 이야기는 이웃으로 퍼져나갔다. 소문을 들은 주민들도 사냥을 가거나 집에 우환이 있을 때, 그리고 소나 말을

잃어버렸을 때 사라흘당에 가서 제를 올렸다. 그러면 산신의 도움 때문인지 금방 문제를 해결할 수 있었다고 한다.

앞에 소개한 사라흘당 본풀이는 서사구조랄 것도 없이 몇 개의 짤막한 구절이 전부다. 구절과 구절 사이에 구멍이 난 것처럼 이야기가 막 건너뛰고, 익숙하지 않은 말들이 이어져 무슨 내용인지 알쏭달쏭했다. 그래서 이런저런 자료를 찾아보고 상상력을 발휘하며 한 구절 한 구절 이야기를 엮어 보았다.

"잘 놓는 정포수, 개 잘 때리는 정살이!" 이 구절에 대한 풀이가 가장 어려웠는데, 답사길을 함께한 지인이 그럴듯한 해석을 내놓았다. 불을 잘 놓는다는 것은 화승총이 불을 뿜는 것처럼 포수가 총을 잘 쏘는 광경이라고 했다. '개 잘 때리는 정살이'는 '개를 잡는' 상황이라고 풀이했는데, 사냥과 바로 연결되는 내용이 아니어서 선뜻 받아들이지 못했다. 그러다가 심방이 본풀이를 가창할 때 '불 잘 놓는 정포수'와 대구를 맞춘 관용어로 쓰였을 수도 있다고 생각하게 되었다. '불 잘 놓는 정포수'는 다른 당본풀이에서도 만날 수 있었다.

사냥에 성공하면 먼저 신께 설(피)을 내어 바치고 나서 사냥물을 해체하여 분육했다. '분육'은 사냥물을 나누어 갖는 것을 말한다. 제주도 사냥꾼의 분육은 나름의 규칙이 있었다.

고광민은 『제주생활사』에서 사냥물의 분육에 대한 규칙을 자세하게 소개하고 있다. 사냥꾼이 노루 등을 사냥하고 돌아올 때 이를 본 사람은 누구나 분배를 요구할 권리가 있었다. 하지만 일단 노루를 분해한 후에는 고기 분배를 요구할 수 없는 게 원칙이다. 여러

체오름 앞 사라흘당 가는 길.

사람이 사냥에 참여한 경우 다 같이 고기를 나누는데, 사냥개 몫도 따로 챙겨주었다고 한다.

사라흘당 본풀이는 비록 몇 줄 안 되는 서사이지만, 그 속에서 수렵시대 사냥의 광경을 상상해 볼 수 있다. 사라흘당은 아름다운 풍광을 자랑하는 체오름 바로 앞에 자리 잡고 있는데, 지금까지도 예쁘게 잘 관리되고 있다.

송당본향당의 백주또와 소천국

마을 신화인 당본풀이는 대체로 서사와 신에 대한 묘사가 빈약한 편이다. 그럼에도 서사구조가 탄탄하고, 당신 또한 넘치는 개성으로 웃음을 선사하는 본풀이가 있다. 바로 송당본향당 본풀이다. 송당의 소천국은 비록 부인에게 이혼당하고 아들들에게 밀려 역사 저편으로 쓸쓸하게 퇴장했지만, 존재감 하나는 확실한 사냥신이다.

소천국은 알송당 고무니모를에서 솟아나고, 백주또는 강남천자국 백모래밭에서 솟아났다. 백주또가 열다섯 살이 되자 신랑감을 찾아 천기를 짚어 보았는데, 조선 남방국 제주 땅 송당리에 배필이 있었다. 백주또는 제주섬으로 들어와 알송당의 소천국과 부부가 되었다.

소천국은 사냥을 해서 가족을 먹여 살렸는데 둘 사이에 딸 아들이 계속 태어나니 형편이 힘들어져 부인이 농사를 짓자고 했다. 송당리에는 볍씨 아홉 섬지기, 피씨 아홉 섬지기나 되는 오붕이굴왓이 있었다. 오붕이굴왓은 달이 지고 별이 지도록 밭을 갈아도 다 갈 수 없을 정도로 넓은 밭이라 '달 진 밭, 별 진 밭'이라 불렀다. 소천국은 부인의 뜻에 따라 농사를 짓기로 하고 소 한 마리에 쟁기까지 갖춰 아침 일찍 밭으로 향했다.

백주또는 밭을 갈고 있는 남편을 위해 밥도 아홉 동이 국도 아홉 동이 장만했다. 밥이며 국을 이고 지고 해서 오봉이굴왓으로 갔더니 과연 소천국이 소를 앞세워 부지런히 밭을 갈고 있었다. 백주또는 나무 아래에 점심을 놓고 길마로 덮은 뒤 집으로 돌아갔다.

소천국이 부지런히 밭을 갈고 있노라니 때마침 지나가던 태산절 중이 점심 먹다 남은 것이 있으면 조금만 달라고 했다. 소천국은 부인이 점심을 넉넉하게 싸 왔으니 조금 줘도 괜찮겠거니 생각하고 조금만 먹고 가라고 했다. 그러자 태산절 중은 좋다구나 하면서 소 길마를 던져두고 점심밥을 먹는데, 정신없이 먹다 보니 어느새 밥도 바닥이요 국도 바닥이 되었다. 겁이 더럭 난 태산절 중이 서둘러 줄행랑을 놓았다.

한참 밭을 갈던 소천국은 시장하여 점심을 먹으려고 나무 밑으로 갔더니 소 길마는 저쪽에 팽개쳐지고 밥 아홉 동이 국 아홉 동이는 간 곳 없이 빈 그릇만 나뒹굴고 있었다. 소천국이 주린 배를 움켜쥐고 무슨 수가 없을까 이리저리 둘러보는데 밭 갈던 소가 눈에 들어왔다. 소천국은 주먹으로 소를 때려잡아 쇠갈퀴 손톱으로 쇠가죽을 벗겨냈다. 그러고는 망개나무로 불을 살라 구어 가면서 이게 익었는가 한 점, 저게 익었는가 한 점 먹다 보니 어느새 뼈다귀만 남았다.

소 한 마리를 다 먹었는데도 배는 여전히 고팠다. 소천국은 어디 더 먹을 만한 게 없나 살피다 억새밭에서 풀을 뜯고 있는 까만 암소

한 마리를 보았다. 마침 잘 되었다 무릎을 치면서 까만 암소를 잡아다 때려잡아 마저 먹으니 그제야 배가 부른 듯했다.

소천국이 다시 밭을 갈려고 일어섰는데 쟁기질할 소가 없었다. 무슨 수가 없을까 고민하는데 불룩 나온 배가 눈에 들어왔다. 소천국은 불룩 나온 배때기를 쟁기 삼아 밭을 갈기로 했다. 소천국이 한 번 기어갈 때마다 흙이 양옆으로 갈라지면서 넓은 고랑이 생겼다.

백주또가 빈 그릇을 가지러 왔는데 밭담 위에 소머리도 두 개, 쇠가죽도 두 개 걸쳐져 있었다. 이게 무슨 일인가 해서 둘러보는데 남편이 배때기로 밭을 갈고 있는 게 아닌가.

"소는 어디 두고 배때기로 밭을 갈고 있소?"

"여차저차해서 밭 갈던 소를 잡아먹었수다."

"한데 어찌하여 저기 소머리가 두 개나 되오?"

"소 한 마리 다 먹어신디 간에 기별도 안 가난 억새밭에 있는 까만 암소까지 잡아다 먹었소."

백주또가 벌컥 화를 내면서 야단했다.

"우리 소 잡아먹는 거야 할 수 없는 일이지마는 남의 소까지 잡아먹었단 말이오? 소도둑놈이랑 같이 살 수 없으니 땅 가르고 물 갈라 살림을 분산합시다."

어쩔 수 없이 부인과 갈라선 소천국은 알송당 고부니모를로 내려갔다. 배운 것이 총질 사농질(사냥)이라 길이 바른 마세총을 둘러메고 산천에 올라가서 노루 사슴에 멧돼지를 잡아다 먹으면서 동굴을 제 집 삼아 살았다.

송당본향당은 제주 당 신앙의 성지이자 뿌리이다. 그래서 송당본향당에서 모시는 백주또를 제주 당신(堂神)의 어머니라고 한다. 그런데 백주또의 남편이자 제주 토착신인 소천국에 대해서는 굳이 제주 당신의 아버지라고 하지 않는다. 게다가 송당 아랫마을 소천국당은 오랫동안 사람이 다니지 않아 폐당이 되다시피 했다. 소천국은 초기 수렵 시대를 대표하는 사냥신이지만 변화하는 역사의 물결에 휩쓸려 잊혀 갔다.

재러드 다이아몬드는 『총, 균, 쇠』(문학사상사)에서 "농경은 우월한 농사 기술을 발전시킨 식량 생산자들이 수렵인과 이족 결혼을 한 후, 수렵인을 죽이거나 그들을 경작하기 적합한 땅에서 몰아내면서 전파되었다."고 했다. 그러니까 소천국이 쫓겨난다는 서사는 농경 세력에 밀려나 역사의 뒤안길로 사라지는 수렵 세력의 처지를 상징하는 것이다.

백주또를 모시는 송당본향당은 '제주특별자치도 민속 문화재 제9-1호'이다. 그리고 매년 음력 정월 열사흘에 열리는 마을 당굿 '신년과세제'는 무형문화재로 지정되었다. 이렇게 송당본향당이 민속 문화재로 지정되면서 맥이 끊어졌던 7월 13일 마불림제와 10월 13일 시만곡대제도 다시 열린다고 한다. 이런 분위기에 힘입어 마을 청년들이 폐당되었던 소천국당도 소박하게나마 다시 정비해 놓았다.

백주또와 소천국은 갈라서는 처지가 되었지만 그들의 자손들은 줄이 뻗고 발이 뻗어 손지방상 삼백일흔여덟이 되었고 여러 마을의 신으로 좌정했다. 이들 신의 계보를 송당계라고 한다.

신화가 인간의 삶을 반영하는 거라면, 원시 제주의 인간사를 반영하는 원형의 서사가 바로 송당본풀이라고 생각한다. 그리하여 송당본풀이의 서사를 따라가다 보면 여러 지역으로 뻗어나가는 씨족공동체의 세력 등, 기록되지 않은 제주의 역사를 그려볼 수 있는 것이다.

현재 백주또와 소천국의 스물여덟 딸들의 계보는 드러나지 않고 있다. 애월 등 제주시 서쪽 지역에 광범위하게 좌정하고 있는 송씨할망이 송당계에 속한다고 알려주는 본풀이들이 있지만 구체적이지는 않다.

그에 비해 아들 열여덟 신의 계보는 심방들에 의해 구체적으로 구송되고 있다. 김오생 심방이 구송하는 아들들의 계보 중 둘째 안덕면 덕수리 광정당신, 넷째 제주시 광양당신, 다섯째 제주시 내왓당신, 열한번째 와흘리 한거리하로산또, 열두번째 동회천세미하로산또, 열여섯번째 김녕리 궤네깃도 등이 영웅신으로 서사를 구축했다.

백주또와 소천국의 이야기는 아직 끝나지 않았다. 그들은 아들들의 서사 속에 계속해서 등장하고 있는데, 다음에 소개하는 열여섯번째 아들 궤네깃도의 서사 속에서 다시 한번 만나보자.

당 신앙의 성지 송당본향당 신년과세제.(사진: 김일령)

바다와 대륙을 평정한 영웅신 김녕의 궤네깃도

"용맹한 영웅신으로 비바람을 잠재워 한 해 농사를 돌봐주고 불행한 일이 일어나지 않도록 지켜준다."

김녕 궤네깃당 안내판에 새겨져 있던 이 글귀에서는 신에 대한 마을 사람들의 자부심을 느낄 수 있다. 궤네깃도는 김녕마을의 영웅신이다. 거친 바다로 나아가 어로 활동을 하는 사람들의 모험심과 상상력이 용궁과 강남천자국까지 진출하는 궤네깃도 영웅 신화를 만들어낸 것이리라.

(……앞부분 내용은 송당본풀이와 겹침) 남의 소를 잡아먹은 일로 백주또에게 쫓겨난 소천국은 해낭골굴왓이라는 굴에 기거하면서 예전처럼 다시 사냥을 해서 먹고살았다. 이렇게 속 편한 남편과 달리 백주또는 혼자 많은 자식을 키우면서 배 속에 아이까지 임신하고 있었으니 여간 힘든 게 아니었다.

마침내 아들이 태어나고 세 살이 되자 아비를 찾아주려고 소천국을 찾아갔다. 그런데 아버지의 무릎에 앉은 아들이 버릇없이 아버지 삼각수염을 잡아당기고 가슴을 치는 것이 아닌가. 소천국이 얼굴을 찌푸리며 아들을 밀쳐내자 백주또도 아들을 보며 푸념했다.

"이놈이 배 속에 있을 때도 살림을 분산하게 만들더니 태어나서도 버릇이 고약하구나."

소천국과 백주또는 못된 아들을 무쇠설캅(무쇠상자)에 집어넣고 마흔여덟 자물쇠를 채워 바다로 던져버렸다. 무쇠설캅은 물 위에서 삼 년, 물 아래서 삼 년, 파도 따라 홍당망당 떠다니다가 용왕황제국 산호수 가지에 걸렸다.

그날부터 용왕황제국에 이상한 일들이 일어났다. 밤에도 초롱불을 밝힌 것처럼 환하고 낮에는 우렁우렁 글 읽는 소리가 가득했다. 용왕황제가 무슨 일인고 하여 큰딸에게 나가보라고 했다. 하지만 큰딸은 다녀와서 아무 일도 없다고 대답했다. 둘째 딸도 마찬가지였다. 마지막으로 셋째 딸이 다녀오더니 산호수 가지에 무쇠설캅이 걸려 있다고 보고했다.

용왕은 큰딸에게 무쇠설캅을 내려오라고 시켰다. 그러나 큰딸은 내리지 못하고 빈손으로 돌아왔다. 둘째를 시켜도 마찬가지였다. 셋째 딸은 산호수 가지에 올라가서 무쇠설캅을 겨드랑이에 끼워서 살짝 내려놓았다. 그러고는 꽃당혜 신은 발로 툭툭 차니 무쇠설캅이 설강 열리면서 옥 같은 도련님이 한 아름 책을 안고 나왔다.

용왕이 도령에게 어디서 온 누구냐고 물었다. 도령은 자신이 조선 남방국 제주에서 온 소천국의 아들인데 강남천자국에 난리가 났다 하여 평정하러 가는 길이라 했다. 이 말을 들은 용왕은 도령이 보통 인물이 아니라고 생각하고는 막내 사위로 삼았다.

용왕국에서는 사위를 대접하느라 상다리가 부러지게 음식을 차렸건만 소천국의 아들은 거들떠보지도 않았다.

용왕은 사위에게 왜 음식을 먹지 않는지 물었다.

"저는 소도 한 마리 통째로, 돼지도 한 마리 통째로 먹습니다."

사위의 대답에 용왕은 혀를 찼다.

"용왕황제국에서 사위 대접 하나 못 하겠느냐!"

용왕은 소도 잡고 돼지도 잡아 사위 대접을 시작했다. 그렇게 석 달 열흘 대접하다 보니 동창고도 비어가고 서창고도 비어갔다. 사위 먹이다 나라 망하겠다고 생각한 용왕은 무쇠 바가지 하나, 무쇠 방석 하나, 금동 바가지 하나, 비루먹은 망아지 한 마리 두루 챙겨 주고 사위와 딸을 무쇠설캅에 담아 바다에 띄워 버렸다.

무쇠설캅은 밀물에도 홍당망당, 썰물에도 홍당망당 물결 따라 흘러 다니다가 강남천자국 백모래밭에 다다랐다.

그날부터 강남천자국에서는 이상한 일들이 일어났다. 밤에는 백모래밭에 초롱불을 밝힌 듯 환하고, 낮에는 글 읽는 소리가 우렁우렁 그치지 않았다. 강남천자국 왕은 신하들을 시켜 무슨 일인지 조사해 보았다. 군사들은 모래밭에서 무쇠설캅을 발견하고 왕에게 가져갔다.

왕은 무쇠설캅을 열어보도록 했지만 신하들이 아무리 애를 써도 상자는 열리지 않았다. 하는 수 없이 제관을 불러와 예를 갖추어 제사를 지냈다. 그러자 단단히 닫혀 있던 무쇠설캅이 살강 하고 열리면서 안에서 기골이 장대한 도령과 어여쁜 여인이 나왔다.

강남천자국 왕이 공손하게 물었다.

"어느 나라에서 오신 뉘신지요?"

"저는 조선 남방국 제주에서 강남천자국에 큰 사변이 일어났다 하여 이를 평정하러 왔습니다."

안 그래도 큰 사변이 나서 근심이 많던 차인지라 왕은 크게 기뻐하며 두 사람을 궁궐로 맞아들여 극진히 대접했다. 그러고는 무쇠 투구와 갑옷을 갖추어주면서 적을 물리치도록 했다.

소천국의 아들이 비루먹은 망아지를 타고 전쟁터로 들어가 보니 머리 둘 달린 적장, 머리 셋 달린 적장이 칼을 휘두르며 달려오는데 아무도 막아내지 못하고 있었다. 소천국의 아들은 무쇠 방석을 빙글빙글 돌리다 머리 둘 달린 적장을 향해 휙 던졌다. 그러자 적장의 머리가 그대로 한꺼번에 떨어져 나갔다. 그걸 본 적군들이 웅성웅성하기 시작했다.

연이어 머리 셋 달린 적장을 향해 무쇠 바가지를 던졌다. 무쇠 바가지에 가슴을 맞은 적장이 세 개의 머리에서 한꺼번에 피를 토하며 고꾸라져 버렸다. 이를 본 적군들이 비명을 지르며 삽시간에 흩어져 달아났다.

난이 평정되자 왕이 크게 기뻐하며 벼슬을 내리고 땅 한쪽을 나눠 줄 테니까 국세를 받으며 살라고 했다. 하지만 소천국의 아들은 제주로 돌아가겠다고 했다. 그러자 왕은 섭섭해하면서 큰 배 한 척에 식량을 가득 실어주고 군사들을 딸려 보내 호위하도록 했다.

마침내 배가 제주 바다에 당도했는데, 썰물 때라 제주 동편 소섬 진질깍으로 배를 댔다가 마음에 안 들어 종달리 갯가로 갔지만 거기도 마음에 안 들었다. 그래서 알다랑쉬오름 비자림 쪽으로 올라왔다. 소천국 아들이 부인과 함께 군사들의 호위를 받으며 제주섬으로 올라서자, 천둥번개가 치듯 땅이 들썩이고 하늘이 출렁였다.

그때 아버지 소천국은 산에서 사냥을 하고 있었다. 그런데 갑자기 땅이 들썩이고 하늘이 출렁이면서 사방이 어수선해졌다. 새들은 푸드득 푸드득 날아오르고 산짐승도 놀라 사방으로 뛰쳐나갔다.

소천국이 무슨 일이 있는가 하여 오름 위에 올라 아래를 내다보니, 마을 사람들이 무슨 구경거리를 만났는지 우르르 아래로 몰려가고 있었다. 소천국은 사냥하는 걸 그만두고 마을로 내려왔다.

하녀 느진덕정하님은 소천국에게 서둘러 소식을 전했다.

"세 살 적에 죽으라고 바닷물에 띄운 작은 상전님이 아버지 나라를 치려고 왔수다."

소천국은 겁이 바락 나서 한라산 쪽으로 도망치기 시작했다. 정신없이 달리던 소천국은 그만 고꾸라져 바위 아래로 떨어져 그 자리에서 숨이 끊어지고 말았다. 소천국은 알송당 고부니모를로 가서 신으로 좌정했다.

어머니 백주또도 아들이 들어왔다는 소문을 듣고 겁이 바짝 나서 도망가다가 당오름 아래서 숨이 끊어졌다. 백주또는 죽어 당오름에 좌정했다. 그래서 백주또는 송당의 본향신이 되어 정월 열사흗날 대제일을 받아먹게 되었다.

아버지 어머니를 모두 잃은 아들은 몹시 슬펐다. 눈물을 흘리던 아들은 마을마다 연락해 사냥꾼들을 모으고는 사냥을 해서 제물을 바치도록 했다. 그리고는 사냥꾼들이 잡아 온 노루며 사슴을 통째로 올려 알송당 고부니모를에서 아버지께 제사를 올렸다.

아들은 군사들을 돌려보내고 부인과 함께 한라산으로 들어갔다. 그들은 조천면 선흘리로, 복오름 체오름으로, 교래리 숲으로, 윗송당 아랫송당 거쳐 체역장오름에 올랐다. 그곳에서 물을 마시고 좌우를 둘러보았다.

"이름난 장수가 날 명당이 어딘가 보자. 김녕리가 명당 중 명당이로다. 김녕리 입산봉은 두 우산 심은 듯, 괴살미오름은 양산 홍산 불린 듯하다. 아끈 다랑쉬오름은 양산을 펼친 듯하고, 웃궤눼기로 들어가니 위로 든 바람 아래로 나고, 아래서 든 바람 위로 나고, 아래 길 굽어보니 별 솜솜 달 솜솜하여 좌정할 만하구나."

소천국의 아들이 김녕마을에 자리를 잡고 앉았는데 며칠이 지나도 누구 하나 대접하는 이가 없었다. 이에 화가 나서 마을 곳곳에 풍운조화를 일으켰다. 배가 뒤집히고, 어른들이 병이 나 자리보전하고, 아이들도 피부병으로 고생했다. 이에 마을 사람들은 심방을 불러와 어찌 된 조화인지 점을 치게 했다.

"소천국의 아들이 하늘옥황의 명령을 받아 김녕마을에 내려왔으나 누구 하나 대접하는 이 없으니 노여워하고 있습니다."

그제야 마을 사람들이 부랴부랴 소천국의 아들을 찾아갔다.

"어디로 좌정하겠습니까?"

"알궤네기에 좌정하겠다."

"그럼 뭐를 잡수십니까?"

"소도 한 마리 통으로, 돼지도 한 마리 통으로 먹는다."

심방이 놀라 사정을 했다.

"가난한 백성이 어찌 소를 잡아서 올릴 수 있겠습니까? 집마다 돼지를 잡아 올리도록 해주십서."

소천국의 아들은 심방의 청을 받아들이고 김녕 궤네기당에 좌정했다. 이때부터 김녕 궤네기당에서는 해마다 돼지를 잡아 돗제를 올리게 되었다. 김녕 알궤네기에 좌정하여 자손들의 섬김을 받는 소천국의 열여섯째 아들을 궤네깃도라고 부른다.

신동흔은 『살아있는 한국 신화』에서 궤네깃도를 극찬하면서, "용왕의 딸을 아내로 맞고 용왕국을 헤집어 놓았으니 바다를 평정한 셈이고, 강남천자국에 들어가 천자의 절을 받고 오랑캐를 물리쳤으니 대륙을 평정한 셈이다. 바다와 대륙을 동시에 평정한 존재였으니 그야말로 영웅이라는 이름이 부족하지 않다."고 평가했다.

이렇게 아들이 나름 성공하고 돌아왔지만 백주또와 소천국은 두려워하며 도망가다 어이없게 죽고 만다. 특히 소천국은 송당본풀이에서 보여준 개성만큼이나 죽음의 장면마저도 우스꽝스럽기 그지없다. 이렇게 어이없는 부모의 죽음에 대하여 신동흔은 "지난 세상이 종말을 고하고 새로운 세상이 시작됨을 알리는 상징으로 읽을 수 있다."고 하여 이른바 세대교체의 흐름으로 해석했다.

궤네깃도는 소천국과 백주또의 자식 중에 바다로 진출한 세력을 대표하고 있다. 소천국의 아들이 용궁에 가서 공주와 혼인하고 돌아오는 모티브는 바닷가 마을의 형성과 관련이 있는 것이다. 그리고 '궤네깃도'라는 신명은 동굴을 의미하는 '궤'에 태생의 의미로 쓴 '네기', 그리고 신(神)을 의미하는 '도'가 결합하여 이루어졌

궤네깃도가 좌정하고 있는 김녕 궤네깃당 전경. 팽나무 아래쪽은 궤네기 동굴이다.

다. 이름에서 알 수 있는 것처럼 궤네깃도가 좌정하고 있는 궤네깃당은 동굴이다.

궤네기굴은 제주 형성 초기의 화산 폭발로 만들어진 용암 동굴이다. 제주도민속자연사박물관의 발굴 조사에 의하면, 궤네기굴은 기원 전후에 사람이 거주하던 유적으로 동굴 전체에 유물이 분포하고 있었다고 한다. 발견된 유물과 동굴 바닥에 퇴적된 토층의 두께로 보아 이곳에서 지속적으로 제사가 이루어진 것으로 추정했다. 그러니까 궤네깃당은 사람들의 거주지이면서 동시에 신앙 터였던 셈이다.

신화에 나와 있는 것처럼 김녕마을에서는 매년 돼지를 잡아서 '돗제'를 지냈다. 돼지를 제주어로 '돗'이라고 한다. 돗제를 올린다는 것은 지역민들이 다 같이 돼지고기를 먹게 된다는 것을 의미하니, 이날은 배고픈 백성들이 돼지고기로 체력을 보충하는 잔칫날이기도 하다. 이후 궤네깃당 옆 입산봉이 공동묘지가 되고, 4·3 사건으로 중산간 쪽으로 출입이 어려워지면서 각 가정에서 개별적으로 돗제를 지내게 되었다고 한다.

행원의 사연 많은 무신도와 풍자 가득한 중놀이

제주에는 예로부터 마을의 당굿을 도맡아 하는 심방을 정해 두었는데, 이를 매인심방이라고 한다. 지인에게 들은 이야기인데, 행원에서 오래전에 투표를 통해 마을의 매인심방을 바꾸게 되었다고 한다. 투표에서 진 심방이 홧김에 술을 마시고 당집에 불을 질렀다. 그 바람에 행원 큰당에 소장하고 있던 무신도 여덟 첩이 홀라당 불에 타버린 것이다. 불을 질렀던 심방은 치밀어 오르는 울화를 견디지 못해 얼마 못 살고 죽었다고 한다.

불이 났었다는 행원 큰당에 가보니, 깨끗하고 정갈하게 새로 그린 무신도를 걸어놓고 있었다. 새로 그린 것이라고 하나 친근하게 느껴지는 게 매력이 넘치는 그림들이었다. 풍속을 잘 살려놓아 고향 마을 어르신을 만나는 것 같았다. 행원 큰당에는 나주목사, 나주판관, 기미절ᄌ석, 궁전요왕대부인이 좌정하고 있다.

바닷가 쪽에 위치한 행원 남당에는 재미있는 신화가 전승되고 있다. 이곳에서 '남당 중놀이'를 펼쳤다고 하는데, 주인공은 '일만 어부, 일만 잠수'를 차지한 중의대사이다.

강원도 철산에서 솟아난 중의대사가 절이 허물어져 갈 곳 없어지자 이참에 한라영산이나 구경하자고 제주도 조천 포구로 들어왔다. 대사는 먼저 조천에 좌정하고 있는 정중부인을 찾아가 인사를 드렸다. 그러자 정중부인이 혹시나 대사가 이곳에 자리를 잡으려 하는가 해서 딱 잘라 거절했다.

"땅도 내 땅이요, 물도 내 물이니 여기 좌정하지 못한다."

중의대사가 하릴없이 조천을 떠나 동남 방향으로 걸어가다 뒷개(북촌마을) 정자의 팽나무 아래로 가서 석 달 열흘을 머물렀다.

하루는 와자자자 떠들썩한 소리가 나서 그곳으로 가보니 김첨지 영감이 건강장수를 기념해서 잔치를 열고 있었다. 그래서 대사도 슬그머니 한 자리 차지하고 있으니까 돼지 삶은 물에 국수를 말아 가져다주었다.

중의대사가 국수를 맛보는데 돼지고기 동경내가 훅하니 올라왔다. 중의대사는 얼굴을 찌푸리며 물었다.

"이 동네는 중도 돼지고기를 먹습니까?"

그제야 사람들이 스님을 알아보고 용서를 구했다.

"아이고, 스님인 줄 몰랐습니다."

중의대사가 분연히 자리를 떨치고 일어나 동남쪽으로 걸어가다 행원마을 청처니 동산에 와 자리를 잡았다. 그렇게 좌정하고 낮도 이레 밤도 이레 두 이레 열나흘을 기다려도 누구 하나 거들떠보지 않았다.

좀이 쑤시고 슬슬 부아가 치밀어 오르는데, 너븐들에 사는 오분작 할망이 나물을 캐러 자작자작 청처니 동산에 올라왔다.

"소승 뵈옵니다."

"어느 절 대사신데 우리 같은 늙은이한테 인사를 다 햄수과?"

"소승은 강원도 철산에서 왔습니다. 우리 절이 허물어져 구경이나 다녀볼까 제주에 들어왔는데 머물 곳이 마땅치 않아 이러고 있습니다."

"신영마루에 강남천자국에서 온 문씨 고냥할망이 좌정하고 이신디 거기로 안내헙주."

대사가 할망의 인도에 따라 문씨 고냥할망한테 가서 인사를 드렸다.

"여차저차해서 제주로 들어왔는데 있을 곳이 마땅치 않습니다."

"나는 자식 하나 없고 일가친척도 없으니 사정이 그러하면 같이 있으십시다."

그렇게 해서 중의대사가 문씨 고냥할망과 같이 좌정하고 지내는데, 단골들의 대접이 시원치 않았다.

"괜히 행원마을에 와서 고생만 해지는구나."

중의대사가 한탄을 하면서 주변을 둘러보니 사방에 곡식이 무성하게 자라고 있었다.

심사가 뒤틀린 중의대사가 풍운조화를 일으켰다. 그러자 곡식이 쓰러져 흉년이 되었다. 마을 사람들이 놀라 부랴부랴 모여앉아 의논을 했다.

"어찌하여 다른 마을은 풍년인디 우리 마을만 흉년이 들엄신고?"

"난데없이 웬 대사가 우리 마을에 왔다고 허니 청해서 물어나 보게."

마을 사람들이 중의대사를 청해서 흉년이 든 연유를 물었다.

"그것은 내가 흉험을 주어서 그렇다."

"아이고, 대사님! 어떤 일로 우리 마을에 흉험을 줩수과?"

"내가 이리저리해서 왔는데 누구 하나 대접하지 않으니 괘씸해서 흉험을 주었노라."

마을 사람들이 어디건 좌정을 하면 극진히 모시겠다고 했다.

"그러면 여기는 절이 없으니 당으로 가겠다."

대사가 남당으로 가서 남당 토지관한테 같이 좌정하게 해달라고 부탁했다. 그러자 남당한집이 대사를 받아들이면서 말했다.

"여기 오기 전에 무엇을 잡수셨습니까?"

"뒷개에 마을 잔치가 있어 갔다가 돼지 삶은 물에 국수를 말아다 주는 바람에 그걸 먹었습니다."

"대사는 돼지고기 국물에 말아놓은 국수를 먹었으되 우리는 그런 음식 아니 먹습니다. 그러니 아래 자리로 물러앉아 일만 잠수 어물 어장 차지해서 지내시오."

이렇게 해서 중의대사는 행원 남당 아랫자리에 따로 좌정하게 되었다. 마을 사람들은 곡식이 무르익어 베어내야 할 때가 되면 먼저 고고리(이삭)를 끊어다가 절구에 찧고 연자방아에 갈아 돌래떡을 만들어서 시월 보름날 제를 지낸다. 그리고 돼지고기 잔치국수를 먹은 까닭에 대사에게만 따로 돼지고기를 올린다.

행원은 제주에서 자연포구가 가장 발달했다고 얘기하는 바닷가 마을이다. 이곳 해안가로 높은 파도에 밀려 물고기들이 떼를 지어 들어왔다고 한다. 그래서 '하늘로부터 얻은 바다'라는 의미로 마을 이름을 ‘얻은개’라고 했고, ‘어등개’로 변했다가 한자로 표기하면서 지금의 ‘행원’이 되었다. 이렇게 해산물이 풍부한 바닷가 마을에서 어장과 해녀들을 차지한 신이 바로 중의대사이다.

중의대사는 돼지고기를 먹음으로써 계율을 파기하고 무속의 당신이 되었다. 고기를 먹지 않는 신은 ‘맑은 신’으로 바람 위에 좌정하고, 고기를 먹는 신은 ‘부정한 신’으로 바람 아래 좌정한다. 그래서 행원 남당에서 제를 올릴 때는 먼저 깨끗한 신들에게 음식을 대접한 후에 중의대사에게 따로 돼지고기를 올린다고 한다. 중의대사에게는 돼지 한 마리를 통째로 올린다는 뜻으로 열두 뼈 부위별로 조금씩 썰어서 바친다.

제주에서는 농사 거름을 내기 위해서 돼지를 길렀다. 그래서 신화를 통해 공공연히 돼지고기 먹는 걸 금기시했다. 임신한 여신이 고기가 먹고 싶어 돼지털을 하나 불에 그슬려 냄새를 맡았다가 바람 아래로 쫓겨나는 서사가 많은 이유이다.

하지만 고된 노역에 고기를 먹어 체력을 보충하는 것이 필요했다. 그래서 부정한 신의 일탈을 통해 고기 먹을 기회를 마련했다. 그러기에 부정한 신은 사실 인간의 삶에 가까이 내려온 신이기도 하다. 그렇더라도 다른 신들을 놔두고 하필이면 중의대사에게 돼지고기 국수를 먹게 하는가. 당굿에서 대사에게 돼지 한 마리를 통째로 올린다는 설정 자체가 지극히 풍자적이다.

문무병의 『제주도 본향당 신앙과 본풀이』 자료를 보면, 남당중놀이는 중의대사가 남당의 토지관인 남당 하르방과 할망한테 문안을 드리면서 시작된다. 중의대사는 자신의 출생 내력과 이곳으로

무신도가 걸려 있는 행원 큰당의 내부.

오는 과정에서 돼지고기 국을 먹었다는 이야기를 늘어놓는다. 그러면서 수전증에 걸린 듯 손을 달달 떨다가 술잔을 떨어뜨리는 소동을 벌인다.

중의대사를 맡은 사람은 술주정뱅이의 우스꽝스러운 모습을 연출하면서 굿판을 시끌벅적 웃음의 도가니로 만들었으리라. 하지만 이제는 행원 당굿이 중단되어 남당중놀이를 기록으로만 확인할 수 있으니 못내 아쉬울 따름이다.

황토 고을에서 내려온 월정의 서당할망

달 밝은 밤에 바닷가 경치가 아름답다는 월정(月汀)! 이 마을에는 구렁이로 환생한 아기씨가 신으로 좌정하고 있다.

뱀은 생명과 다산을 상징한다. 중국에서 민족의 시조로 숭배하는 복희와 여와 남매는 대홍수로 둘만 남았을 때 하늘의 허락을 얻어 부부가 되었고, 인류를 번성시켰다. 복희와 여와 남매를 그린 그림을 보면 상반신은 사람이나, 하반신은 뱀의 모습으로 하고 있다.

옛날, 황토 고을 황정승이 사십이 되도록 슬하에 자식이 하나 없었으니, 날이면 날마다 한숨을 쉬면서 근심했다. 그러던 중 동개남 은중절이 영험 있다는 말을 듣고 시주를 넉넉히 준비하고 올라갔다.

송낙지도 구만 장, 가사지도 구만 장, 상백미도 일천 석, 중백미도 일천 석을 장만하고 수륙제를 올리는데, 두 이레 열나흘이 지나자 대사님이 시주한 물건을 저울에 달아보았다.

"백 근이 찼으면 아들자식을 점지할 것인데, 한 근이 모자라니 딸

자식을 점지합니다. 아기씨 일곱 살이 되거든 우리 절당에 와서 다시 수륙제를 올리십서."

황정승이 집으로 돌아와 합궁일을 고르고 천상배필을 맺으니, 과연 얼마 안 있어 태기가 있었다. 열 달을 채우고 아기가 태어났는데 앞이마에 해님, 뒤꼭지에 달님, 두 어깨에 샛별이 오송송 반짝이는 예쁜 딸아기였다.

부부는 예쁜 딸아기 재롱에 시간 가는 줄 모르는데, 어느덧 시간은 흘러 아기씨가 일곱 살이 되었다. 황정승은 대사님 말씀에 따라 절당에 수륙제 올리려 준비하는데 정승판서 벼슬을 살러 오라는 어명이 내려왔다. 황정승이 부랴부랴 채비를 하니 아기씨가 따라나섰다.

"아들자식 같으면 책방 아이로나 데려가지마는 딸자식을 데려갈 수는 없는 노릇이다."

황정승은 울며 달라붙는 아기씨를 매정하게 떼어놓고 길을 떠났다. 아기씨가 울면서 따라가는데, 황정승은 그것도 모르고 길을 재촉하니 금세 거리가 벌어졌다. 아기씨는 묵은각단밧까지는 어찌어찌 좇아갔으나 어느 사이에 아버지의 가마채가 보이지 않았다.

아기씨가 정신을 차리고 주위를 둘러보니 주변은 온통 억새밭이었다. 놀란 아기씨가 울다 지쳐 쓰러졌다. 과랑과랑 한여름 땡볕에 말라 죽어가던 아기씨는 구렁이 몸으로 환생했다.

어머니가 딸아이를 잃고 사방팔방 찾아 헤매고 다니다 황정승에게 편지를 띄웠다.

"딸자식의 행방이 묘연합니다. 하나밖에 없는 자식 이대로 잃을까 두려워 잠을 이룰 수 없으니 정승판서 벼슬 그만 살고 어서 내려 오세요."

황정승은 벼슬을 그만두고 부랴부랴 묵은각단밧까지 단숨에 내려왔다. 그곳에서 잠시 한숨 돌리려고 가마를 멈추게 했더니, 난데없는 구렁이가 가마채에 휘휘 감아 붙는 게 아닌가.

가마를 이끌던 통인이 소리를 질렀다.

"양반이 행차하는데 웬 구렁이가 눈앞에 오락가락하느냐? 어서 물러서거라!"

통인의 호령에 놀랐는지 구렁이는 금세 꼬리를 감추었다. 황정승이 집에 도착하자마자 딸아이 방부터 열어보았더니 방 안에 큰 구렁이가 굽이굽이 서려 있는 게 아닌가.

"이게 무슨 일이냐? 여봐라, 어서 무쇠설캅을 가져오너라. 우리 딸아이가 저 구렁이로 인해 사달이 난 모양이구나!"

황정승이 무쇠설캅에 구렁이를 담아 놓고 동해 바다에 띄워버렸다. 무쇠설캅은 물 위에도 삼 년, 물 아래도 삼 년, 홍당망당 흘러 다니다가 북촌마을 복덕개에 떠올랐다.

김첨지 영감이 새벽에 볼락을 낚으려고 복덕개로 내려가 막 낚싯줄을 드리우는데 웬 상자가 앞으로 쑥 다가왔다.

"아이고, 이거 무슨 상자라? 생긴 거 보난 아무래도 귀한 게 들어 있음직허다."

김첨지 영감은 무쇠설캅을 잡아채어 옆에 있는 돌로 때려부수고 뚜껑을 확 하고 열어젖혔다. 그러자 큰 구렁이가 눈은 팰롱, 혀는 멜록 하면서 스르르 일어섰다. 김첨지 영감이 주왁하고 놀라 자빠졌다.

그때부터 김첨지는 물론이고 딸 셋까지 일시에 앓기 시작했다. 아무리 약을 써봐도 도무지 나을 기미가 보이지 않아 김첨지는 심방한테 가서 점을 쳐 보았다.

"손으로 만진 죄상이 있수다. 그걸 모셔다 잘 위협서."

심방의 말을 듣고 김첨지가 곰곰이 생각해 보니 무쇠설캅을 부순 것과 관련이 있는 것 같았다. 김첨지는 집에 와서 부지런히 음식을 장만하고 무쇠설캅이 있던 곳으로 갔다. 그러자 구렁이가 기다렸다는 듯이 스르르 올라왔다.

구렁이가 잘 차린 제물상을 받는데, 한 상 받고 나니 큰 딸아이가 살아나고, 두 상 받고 나니 둘째 딸아이가 살아났다. 세 번째 상을 받고 숨을 세 번 쉬니 작은 딸아이까지 아무 일도 없었다는 듯이 가뿐하게 일어났다.

김첨지가 구렁이에게 절을 하고 빌면서 말했다.

"나에게 내려진 조상이면 우리 집으로 와서 좌정협서."

구렁이는 김첨지 집 뒤 귤나무 밑으로 가서 신으로 좌정했다.

그날 밤 구렁이가 어여쁜 아기씨로 환생했다. 아기씨는 초록 저고리에 열두 폭 홍단치마를 갖추어 입고 길을 나섰다.

아기씨는 우선 배필을 찾아 점을 쳐보았다. 그러자 제주 사는 신산국이 낭군이 되면 좋을 듯했다. 아기씨는 신산국을 찾아 한라산으로 관덕정 마당을 돌아 동문 밖 언덕 위로 갔다가 신촌 열녀문 거리에서 한숨을 돌렸다. 다시 조천 군선돌로, 함덕 사레물로, 북촌 뒷개 팽나무 아래를 지나니 숨이 찼다. 그래도 쉬지 않고 계속 걸어가다 월정 비석거리에서 잠시 앉아 숨을 돌렸다.

이때 마침 신산국이 사냥을 하려고 집을 나서다가 꽃같이 어여쁜 아기씨를 보았다. 한눈에 아기씨한테 반해버린 신산국이 다가가서 말을 걸었다.

"못 보던 아기씬데, 어디 가는 길이오?"

"점을 쳐보니 신산국이 내 배필이라 하여 지금 신산국을 찾으러 가는 중이오."

신산국이 좋아 허우덩싹 웃으며 아기씨의 손을 잡았다.

"내가 바로 그 신산국입니다."

둘은 부부가 되어 월정리 너른 들녘 수풀 옆에 자리를 잡았다. 신산국은 하던 대로 사냥하러 한라산을 들락날락하고, 아기씨는 아이 일곱을 낳아 길렀다.

하루는 걷는 아이는 걸리고, 갓난애는 업고, 기는 아이는 안고 해서 월정리 앞동산에 환갑 잔치 구경을 갔다. 잔치 구경 마치고 돌아오는데 몹시 목이 말라 이리저리 둘러보니 돼지 발자국에 물이 조금 괴어 있는 것이 보였다.

아기씨가 엎드려 물을 빨아 먹는데 돼지털이 코를 쏙 찔렀다. 그러자 돼지고기가 너무나도 먹고 싶었다. 그래서 돼지털을 불에 그슬려 손바닥에 놔서 싹싹 비벼 먹으니 고기를 먹은 듯 입맛이 쓴 듯 했다.

집에 와서 쉬고 있는데, 사냥 갔던 신산국이 집으로 들어왔다. 신산국은 문득 끙끙 냄새를 맡더니 소리를 질렀다.

"부인, 어찌하여 동경내(돼지고기 냄새)가 집안에 가득합니까?"

"난 돼지털을 그슬려서 먹은 일밖에 없습니다."

"돼지털을 그슬려 먹다니 양반의 부인으로서 체면이 말이 아니오. 당장 땅과 물을 갈라야 할 것이지마는 자식이 일곱이나 있으니 그럴 수는 없는 노릇이고. 땅과 물은 못 갈라도 자리라도 가릅시다."

신산국은 부인과 일곱 아이를 데리고 바로 옆 서당머체로 갔다.

"산 사람 보기에 바위 같기도 하고 벼랑 같기도 하니 이만하면 좌정할 만합니다. 이제는 여덟 모녀가 여기 좌정하시오."

아기씨가 후딱 나가려는 신산국의 도포 자락을 잡으며 말했다.

"우리 여덟 식구 산 입에 거미줄 치겠습니다. 우리 살 도리나 마련해 두고 가시오."

"열두 부술을 두었다 무엇에 쓰려 하오? 마흔여덟 상단골, 서른여덟 중단골, 스물여덟 하단골에 풍운조화 일으키면 살아갈 도리가 생길 것이오."

아기씨는 신산국의 말에 따라 마흔여덟 상단골의 머리에 두통을 불러일으키고, 서른여덟 중단골에 토기를 일으키고, 스물여덟 하단골에는 복통을 일으켰다.

마을에 아픈 사람이 가득하니 단골들이 이거 무슨 일인가 점을 쳤다.

"서당에 좌정하고 계신 할마님이 조화를 부리고 있으니 돼지를 잡아 제를 올리십서."

심방의 말에 단골들이 돼지를 잡고서 서당머체에서 제를 올렸다. 신산국은 섣달그믐과 정월 열나흘날 제를 받고, 서당할마님은 유월과 시월 초여드레, 열여드레, 스무여드레에 제를 받는다.

새로 정비한 월정본향당 모습.

서당할망이 좌정하고 있는 서당머체의 '머체'는 화산 활동으로 생겨난 돌무더기 지형을 말한다. '서당'은 아기를 보살펴주는 당을 말하는 것이니, 서당할망은 아기를 낳게 하고 건강하게 키워주는 산육신의 권능을 가졌다. 또한 다산(多産)을 상징하는 신이기도 하다.

서당할망은 돼지고기가 너무나 먹고 싶어 돼지털을 그슬려 비벼 먹었다. 아기를 일곱이나 낳고 키우면서 얼마나 고기에 대한 욕구가 강렬했으면 돼지털을 그슬려 먹기까지 할까. 아기를 낳고 키우면서 온갖 일을 도맡아 하느라 늘 허기진 여인들의 처지를 대변하는 서사다. 당제가 있는 날 서당할망께 제물로 돼지 한 마리를 통으로 올렸다고 하니, 신의 음식으로 다 함께 즐기는 광경이 보이는 듯하다.

월정본향당의 당집은 사냥신인 신산국을 모신 곳이고, 당집 옆에 서 있는 동백나무는 서당할망의 신목이다. 동백나무는 아름다운 여신이 깃들어 있는 신목이라 고운 물색을 감아놓는다. 예전에는 당 울타리 바위 아래로 작은 구멍들이 나 있었는데, 일곱 자식이 신으로 들어앉아 있는 궤를 상징했다.

최근에 월정본향당에 가보니 지붕을 새로 만들고 당 마당을 높게 올려 시멘트를 발라놓았다. 제를 지내기 편하게 해놓은 것이지만, 그 바람에 자식들이 좌정하고 있는 바위 사이 궤들이 모두 메워져 버렸다. 숲속 공터처럼 깊고 그윽하고 신비로웠던 분위기들이 편리함에 밀려 사라지고 만 것이다.

세화리 본향당의 천자또와 백주또, 금상님

세화리 본향당 신화에 등장하는 신들은 그 기세가 하늘을 찌르는 듯 위엄이 짱짱하다. 천자또는 뛰어난 능력으로 하늘옥황과 저승에서 소임을 맡아 일을 했다. 천자또의 외손녀 백주또와 금상님 역시 자부심이 넘치는 신들이다. 이렇게 천하의 큰 신들을 섬길 수 있는 세화마을의 자부심은 어디에서 비롯되었을까?

천자또는 한라산 백록담에서 솟아나 일곱 살에 천자문을 통달하고, 열다섯이 되기 전에 동몽선습, 통감, 소학, 대학, 중용, 서경, 시경을 끝마쳤다. 열다섯 살이 되니 백 망건, 백 장삼에 하얀 띠를 두르고, 한 아름이 넘는 책과 한 줌이 넘는 붓대에, 일천 장의 벼룻돌에다 삼천 장의 먹을 갈아 가지고 하늘옥황으로 올라갔다. 하늘옥황에서 옥황상제를 도와 소임을 다하다가, 염라대왕의 특별 요청으로 지하세계로 내려가 일을 했다.

하루는 옥황상제가 천자또를 불러, 그만하면 할 도리는 다 했으니 지상으로 내려가 자손들의 섬김을 받으라고 했다. 천자또는 상세화리 손드랑모를에 내려와 마을 동장이며 좌수며 소무를 불러 여덟 칸 큰 집을 짓게 하고 좌정했다. 마흔여덟 상단골, 서른여덟 중단골, 스물여덟 하단골의 생산, 물고, 호적, 장적을 차지하고, 2월 12일 영등손맞이, 7월 12일 마불림제, 10월 12일 시만국대제 세 번의 대제(大祭)를 받는다.

백주또는 서울 남산 서대문 밖에서 솟아난 임정국의 따님으로서 일곱 살 나던 해에 부모 눈에 나 용왕 천자국 외삼촌한테 보내졌다. 백주또는 용왕국의 일곱 삼촌에게서 일곱 부술을 배우고 청가루에 청주머니, 백가루에 백주머니, 적가루에 적주머니, 흑가루에 흑주머니, 황가루에 황주머니를 받았다. 백주또가 열다섯 살이 되던 해 용왕국을 떠나 부모께 돌아와 사죄를 했다.

부모는 딸에게 네 마음 가는 대로 나가 살라고 했다. 이에 백주또는 눈물로 부모님을 작별하고 하녀 느진덕정하님을 앞세워 집을 떠났다. 백주또가 천기를 짚어보고 제주 한라영산에 사는 외할아버지를 찾아가기로 했다.

떡전거리, 밥전거리, 모시전거리, 푸나무전거리를 넘어서 충청도 계룡산에 와서 하룻밤 묵고는 전라도로 내려왔다. 장성 갈재를 턱 넘어오니, 재인 광대를 데리고 삼천 선비들이 여흥을 즐기고 있었다. 백주또는 느진덕정하님에게 소리 좋은 옥장고나 거문고나 옥퉁소를 빌려 오라고 시켰다.

느진덕정하님이 삼천 선비한테 가서 아기씨의 말을 전하니, 삼천 선비 발칵 화를 내며 욕지거리부터 내뱉었다.

"여인이라 하는 것은 꿈에만 보여도 재수가 없거늘, 썩 물러나라."

느진덕정하님한테 얘기를 전해 들은 백주또는 생각할수록 괘씸해서 청주머니의 청가루를 내어놓고 푸우 하고 불었다.

"아야, 눈이여. 아야, 귀여."

삼천 선비들이 눈이 따갑고, 가슴이 아프고 설사가 나서 곧 죽게 되었다. 그러자 식견이 있는 선비 하나가 백주또 앞에 와 엎드리며 사죄를 드렸다.

"저희의 잘못을 너그러이 용서해 주시고, 목숨만 살려주십시오."

백주또가 잘못을 싹싹 빌고 있는 선비를 쳐다보다가 마음을 풀어 부술을 거두니 삼천 선비가 파릇파릇 살아났다. 백주또는 거문고를 건네받고 부모 이별할 적에 눈물로 세수하던 내력을 읊어 가며 간장을 풀었다.

백주또는 삼천 선비와 작별하고 다시 제주로 발길을 재촉했다. 영암 배진고달또에 와 조천 김씨 선주의 배를 잡아타고 새역코지에 배를 붙였다. 그러고는 조천의 본향신 정중부인께 인사를 드렸다.

"어찌하여 왔느냐?"

"한라산 백록담에 사시는 외할아버님 천자또를 찾아왔습니다. 길 인도를 해주십시오."

정중부인은 장귀 동산에 좌정하고 있는 일레또를 불러 길을 인도해 주라고 했다.

묵은벵디왓, 새벵디왓으로, 진마루동산, 알눈미, 금산털, 눈미, 당오름 옆으로 하여, 안다리를 건너 샛다리 냇가를 들어가다 보니 어떤 아기씨가 지나가고 있었다.

"너는 어느 집 누구냐?"

"저는 허 선장 딸이 됩니다."

"그러면 너희 집에 사랑방이 있느냐? 오늘밤 머물고 가겠다."

"예, 사랑방이 있수다. 따라오십서."

허 선장 따님아기는 백주또를 모시고 들어가 대접을 하려고 먼저 식성부터 물었다.

"어떤 음식을 잡수십니까? 제가 상을 봐 오겠습니다."

"나는 손으로 벤 음식은 손 냄새 나서 못 먹고, 칼로 벤 음식은 쇠 냄새 나서 못 먹고, 실로 밀어 끊은 정과나 말 발톱 같은 백돌래나, 얼음 같은 백시루나 놋그릇의 메밥이나, 청감주, 청근채, 계란 안주를 먹는다."

허 선장의 따님아기가 안으로 들어가 식성에 맞게 잘 차리고 나와서 백주또를 대접했다. 이에 백주또는 마음이 흐뭇하여 주머니 하나를 끌러 주었다.

"내 너의 정성이 갸륵하여 이걸 주겠다. 급한 대목을 당하거든 이 주머니를 내놓고 나를 생각해라. 그러면 한 번, 두 번, 세 번까지 살려주마. 상단골로 나를 모시면 명과 복이 이어질 것이다."

이렇게 해서 허씨 댁이 상단골이 되어 백주또를 모시게 되었다.

백주또는 느진덕정하님과 다시 백록담으로 향했는데, 알송당으로, 웃송당으로, 개미목으로 하여 백록담에 올라서 보니, 계시리라 믿었던 외할아버님의 행방이 묘연했다.

백주또가 다랑쉬 오름을 지나고 비자남 숲을 내려오니 한 포수가 지나가고 있었다. 오소리 가죽으로 만든 윗옷에 노루 가죽 아랫도리, 총열이 바른 마상총에 화약통 둘러메고 네눈의반둥개를 이끌고 지나가는 포수를 백주또가 불렀다.

"저리 가는 저 포수님아, 말씀 잠깐 물어봅시다. 천자님이 어디쯤에 계십니까?"

"예, 제가 천자님의 집사 됩니다. 저를 따라오십서."

백조또는 포수의 뒤를 따라 평대리 웃멍둥이까지 내려오는데 문득 포수가 뒤돌아 말했다.

"여기 잠깐 계십서."

포수는 굴 안으로 들어가더니 남방사주 바지에 백방사주 저고리, 삼승 버선, 꽃당혜 창신에다 외올망건에, 겹상투, 공작 깃을 단 갓을 쓰고 서울 양반처럼 차리고 나왔다. 그러고는 굴 안으로 백주또를 이끌었다.

포수를 따라 굴 안으로 들어가니 소뼈, 말뼈가 가득하고 누린내가 코를 찔렀다.

"소 도둑놈, 말 도둑놈한테 속아서 여기 와졌는가 보구나."

백주또가 몸을 돌리자 멍둥소천국이 얼른 손목을 잡았다.

"백주님, 여기서 나와 천상배필을 맺어봅시다."

백주또가 벌컥 화를 내며 말했다.

"얼굴은 양반인데 행실은 상놈만 못하구나. 더러운 놈 잡았던 팔목을 두어 무엇 하리!"

백주또가 화룡장도를 빼내어 팔목을 싹싹 깎아 두고 명주 전대로 똘똘 쌌다. 소천국은 백주또의 서슬에 놀라 뒷걸음치다가 줄행랑을 놓고 말았다.

백주또는 다시 길을 떠나 상세화리 손드랑모를에서 드디어 외할아버지 천자님을 만났다. 외손녀임을 확인한 외할아버지 천자님은 손녀의 식성부터 먼저 물었다.

"그래 너는 무엇을 먹느냐?"

"저는 실로 밀어 끊은 정과나 말 발톱 같은 백돌래나 얼음 같은 백시루나 놋그릇의 메, 청감주, 청근채나 계란 안주 먹습니다."

천자님이 흡족하여 고개를 끄덕였다.

"그럼 너는 무슨 재주라도 배운 게 있느냐?"

"용왕국에 들어가서 일곱 삼촌한테 일곱 부술을 배웠습니다."

"그만하면 나와 같이 좌정할 만하다. 들어오너라."

천자님이 외손녀를 방안에 들여앉히니 날피 냄새가 역하게 풍겼다. 천자님은 얼굴을 찌푸리며 물었다.

"어찌하여 네 몸에서 날피 냄새가 나는 것이냐?"

"길 인도해 달라고 멍동소천국한테 말했더니, 팔목을 덥석 잡기에 화룡장도로 팔목을 깎아 두고 왔습니다."

천자님이 화가 나 호통을 쳤다.

"이런 괘씸한 놈이 있느냐? 내 자손이 오는데 함부로 손목을 잡다니! 땅 위의 산적이냐, 바다의 수적이냐? 그냥 둘 수 없다."

곧 마흔여덟 상단골, 서른여덟 중단골, 스물여덟 하단골을 불러놓고 호령을 내렸다.

"멍동소천국 놈이 내 자손이 오는데 겁탈하려 했으니 괘씸하고 괘씸하다. 당장 땅 가르고 물 갈라라. 바른 물머리로 구획을 지어 물도 같은 물 먹지 말라. 길도 같은 길 걷지 말라. 사돈도 하지 않는다. 세화리 땅 다니는 자손은 간마리(평대리) 땅에 다니지 말고, 간마리 땅 다니는 자손 세화리 땅에 오지 마라."

그때부터 천자님이 말한 법대로 실행이 되어 세화리와 평대리 사람들이 등을 돌리고 살게 되었다.

천자님은 백주또에게 일곱 주머니로 모든 단골에게 풍운조화를 주도록 하여 제(祭)를 받도록 했다. 2월 12일 영등손맞이 받고, 7월 12일 마불림대제 받고, 10월 12일 시만국대제를 받는다.

금상님은 서울 남산 아양동에서 솟아났으니, 하늘이 아버지요 땅이 어머니다. 키가 구척장신이요, 얼굴은 숯먹을 갈아 뿌린 듯하고, 눈은 봉황새 눈이요, 수염은 삼각수인 데다가 무쇠 투구에 갑옷을 입고 언월도, 비수검을 빗겨 차니 참으로 천하 맹장이었다.

금상님은 남산에 올라서 궁궐 안을 굽어보면서 밤낮으로 불을 피우며 조화를 부렸다. 이에 궁궐 안에 날이면 날마다 불길한 일들이 벌어지니 임금님의 걱정은 말할 것 없고 만조 대신도 불안해서 안절부절못했다.

하루는 임금님이 태사국의 관원을 불러 별자리를 보라 하니, 남산에 역적 될 만한 천하 맹장이 났다고 보고했다.

"그놈을 잡을 방도를 마련하라."

임금의 분부에 만조 대신이 머리를 맞대고 방책을 강구한 끝에 사방에 방을 내붙였다.

"남산에 있는 장수를 잡아 오는 자에게는 땅 한 조각 떼어주고 제후로 봉하겠노라."

그날부터 팔도의 소문난 맹장들이 서울로 속속 모여들기 시작했다. 어전에 들어가 상감의 명을 받고, 팔도 맹장들은 무쇠 투구 갑옷에 언월도에 비수검, 활이며 창검을 메고 일월을 희롱하며 수백만 명의 군사들을 거느려 남산을 둘러쌌다.

금상은 가만히 앉아 있다 빙긋이 웃으며 말했다.

"네놈들 같은 장수 수억만이 들어와도 내 눈 한 번만 번쩍 뜨고 언월도를 휘두르면 일시에 다 죽을 것이다. 그래도 너희들 상금이나 받아먹게 해주마."

금상이 모여든 군사들이 자신을 잡아도 가만히 앉아 있으니 곧 무쇠 철망이 씌워져 궁전 안으로 끌려갔다.

"너는 어떤 장수냐?"

상감님의 문초에 금상이 대답했다.

"하늘이 아버지요, 땅이 어머니인 장수 금상입니다."

"상감의 명령 없는 장수는 역적이 아니겠느냐? 명령 없는 장수는 죽어 마땅하니 다짐을 쓰되 손가락을 끊어 혈서로 써라."

금상은 순순히 가운뎃손가락을 끊어 혈서로 다짐을 써 바쳤건만 다시 상감의 호령이 떨어졌다.

"저 장수의 목을 베어라."

장수들이 달려들었으나 금상은 발로 밟아도 아니 죽고, 돌로 쳐도 아니 죽고 언월도로 베어도 아니 죽었다. 이런 난감한 일이 없으니 상감은 다시 만조백관 대신들과 의논을 시작했다. 그리하여 이번엔 무쇠로 집을 지어 무쇠 방을 만들고, 풀무를 걸어 숯 천 석으로 석 달 열흘만 불을 붙이기로 했다. 그러자 금상은 얼음 빙(氷) 자, 눈 설(雪) 자를 써서, 하나는 깔고 앉고 하나는 머리에 쓰고 앉았다. 숯 천 석을 들여 석 달 열흘 동안 풀무로 불어대니 집 네 귀에 불이 붙어 무쇠가 얼랑얼랑 녹아 갔다.

그만하면 죽었으리라 생각하고 무쇠 문을 열었는데, 금상의 호령 소리가 터져 나왔다.

"네 이놈들아, 추워서 살 수가 있느냐? 삼각수염에 서리가 바짝 얼어붙으니 추워 살 수 없다. 좀 더 뜨겁게 풀무질을 해라."

금상이 소리를 지르다 화가 치밀어 무쇠 신을 신은 발로 무쇠 문을 툭, 툭, 툭, 세 번을 차니 무쇠 문이 살강 하고 부서졌다. 금상은 무서워 벌벌 떠는 임금과 대신들을 뒤로하고 궁궐에서 나와 배 한 척을 잡아타고 항해에 나섰다.

금상은 배를 타고 열두 바다를 건너서 제주 바다로 들어왔다. 배가 소섬의 우묵개를 거쳐 세화리를 향하여 들어섰다.

이때 천자님이 바다 쪽을 바라보다 어떤 낯선 장수가 이쪽으로 들어오는 듯하여 '푸우' 하고 입으로 불었다. 그러자 금상이 탄 배는 아득하게 밀려났다. 금상님은 다시 바람을 타서 세화 포구로 겨우 배를 붙이고 세화리 천자님께 들어갔다.

"너는 어디 사는 장수냐?"

"소장은 서울 남산 아양동에서 솟아난 금상입니다."

"서울서 솟아난 금상이 어찌하여 여기로 왔느냐?"

"천기를 짚어보니 이곳에 사는 백주가 천정배필이 되기로 찾아왔소이다."

천자님이 금상을 위아래로 훑어보니 과연 손녀딸의 배필이 될 만했다.

"그래 너는 무슨 음식을 먹느냐?"

"술도 장군, 떡도 장군, 밥도 장군, 돼지도 한 마리 통째로 먹습니다."

천자님이 눈살을 찌푸리며 고개를 저었다.

"고기를 먹다니, 어서 나가거라. 우리와 같이 좌정 못 한다."

금상은 밖으로 나오니까 백주님이 뒤따라 나와 말을 걸었다.

"저 장수님아, 먹던 음식 참고서 인연을 맺어보기 어떻습니까?"

금상이 고개를 끄덕이며 다시 발길을 돌려 천자님께 들어갔다.

"소장이 금일부터는 먹던 음식을 끊겠습니다."

"네 결심이 그러하면 허락하겠다. 우선 팥죽을 쑤어 목을 씻고 소주로 목욕을 해라. 청감주로 양치질까지 해라."

천자님의 지시대로 하여 몸을 씻은 금상이 백주또와 부부가 되었다. 그런데 먹던 음식을 참고 한 달, 두 달, 석 달이 지나가니 금상은 피골이 상접하여 죽을 지경이 되어 갔다.

백주또는 보기가 너무나 딱하여 천자님께 사정했다.

"할아버님, 소녀 때문에 천하 맹장 굶겨 죽일 수 있겠습니까?"

"그래 어찌하면 그 장수를 살릴 수 있겠느냐?"

"소녀의 의견으론 천자님과 소녀는 한 상을 받고, 금상님은 따로 상을 차려서 돗제를 지내게 하면 될 듯하옵니다."

"그럼 어서 그리 해라."

백주또가 세화리 자게동산 김좌수네 집을 굽어보니 큰 돼지가 꿀

꿀대며 걸어 다니고 있었다. 밤이 되자 홀연히 암탉을 울려 목 끊게 하고, 김좌수 큰딸에게 흉험(凶險)을 주되 목이 메어 캉캉거리게 해 놓았다.

갑자기 큰딸이 아무것도 먹지 못하고 시름시름 앓게 되니 큰일이 아닐 수 없었다. 김좌수가 심방을 불러 점을 치게 했다.

"여기 큰 돼지가 있어 금상님이 돼지를 제물로 받고자 합니다."

김좌수는 돼지머리에 물을 끼얹고 왼쪽 귀를 조금 끊어 제를 지냈다. 그랬더니 김좌수 큰딸아이는 씻은 듯이 병이 나았다.

그로부터 천자님과 백주님은 한 상에 차려서 정과나 백돌래, 백시루, 백메, 청감주, 계란 안주로 먼저 상을 받았다. 금상님은 후원으로 나가서 돼지를 통으로 한 마리 받았다. 단골들이 돼지를 잡을 때 털, 피, 발톱을 먼저 올리도록 하고, 돼지 삶은 후에 열두 뼈를 받아먹었다. 이렇게 제를 받아먹은 후에 금상님은 소주로 목욕하고 청감주로 입을 헹구어서 몸을 깨끗이 했다.

백주또는 용왕국에서 일곱 부술을 배우고 청가루 청주머니, 백가루 백주머니 등을 가지고 왔다. 이는 의술을 펼쳤던 무의(巫醫)의 권능을 연상시키는 대목이다. 실제 세화리 본향 천자또 산신당은 아픈 사람을 치료하는 데 효험이 큰 당으로 알려져 있다.

천자또는 외손녀의 손을 함부로 잡은 멍둥소천국의 자손들(평대리)과는 같은 길을 걷지 말고 사돈도 하지 말라고 명령을 내렸다. 비록 신화 속 서사이지만 이런 권세와 자부심은 어디에 근거하고 있는지 그 배경이 궁금해서 자료들을 찾아보았다.

파란 지붕의 세화리 산신당 큰당.

세화리는 제주도 동부 생활권의 교통 요지였다고 한다. 보통 바닷가에 위치한 마을을 '개촌'이라고 낮잡아 보는 이도 없지 않았다. 하지만 세화는 바닷가를 끼고 있는 해안 마을인데도 부촌이었으며 조선 순조 때에 학당을 개설하고, 과거에 급제한 학자들도 많이 배출했다. 이런 배경 속에서 반촌으로서의 자부심이 신화 속에 반영되고 있는 것이리라.

천자또가 신앙민인 단골들에게 여덟 칸 집을 짓도록 했다지만,

실제로는 세화리 본향 천자또 산신당은 파란 슬레이트 지붕의 평범한 집 한 채가 전부이다. 하지만 세화리 본향당은 영기(靈氣)가 센 당으로, 일제강점기 일본인 관리가 이 당집에 불을 질렀다가 그 자리에서 즉사했다는 기록이 있다. 당집 안에는 천자또와 백주또, 백주또의 남편 신인 금상님 세 분의 신위가 있는데, 금상님은 고기를 먹는 신이기 때문에 상을 차릴 때 하얀 종이로 칸을 갈라 경계를 지으며, 돼지 한 마리 통째로 올린다고 한다.

세화리의 옛 이름은 ᄀᆞ는곶이다. 가늘게 흘러내린 용암지대에 수풀이 형성되어서 생긴 이름이다. 신당이 위치한 이곳에서 세화 마을이 시작되었다고 볼 수 있다. 사람들은 송당처럼 한라산과 가까운 지역에서 사냥을 하며 살다가 점차 바닷가 쪽으로 내려와 마을을 형성한 것으로 보인다.

마을이 번성하면서 가지게 된 반촌이라는 자부심은 다른 지역에 대한 경계와 차별로 이어질 수 있다. 사냥하며 살아가는 사람들을 '멍둥소천국'이라고 조롱하고 있는 것처럼 말이다. 이는 송당의 백주또가 사냥신 소천국과 혼인했던 것과는 다른 전개이다. 세화의 백주또는 소천국이 아니라 유배 온 양반을 연상시키는 금상님을 배우자로 선택했다. 세태의 변화를 신화 속에서 확인하는 셈이다.

02

바다와 산을 품은 조천의 신앙

제주시 바로 옆에 위치한 조천읍은 한라산 줄기에서 북쪽 바다까지 길게 이어지는 지역이다. 조천 바닷가가 조선 시대 육지와 왕래하는 관문 역할을 했으니, 배를 부리며 번창했던 마을의 역사가 새콧당 신화에 남아 있다. 해녀와 어부들은 부의 신으로 미륵돌을 모시며 만선의 기쁨과 무사 안녕을 기원했고, 한라산 자락 산간 마을에서는 수렵과 농경의 서사를 신화로 담아내었다.

마을의 재난을 신의 분노로 담아낸 북촌 가릿당

조천읍 북촌리의 가릿당 본풀이는 시작부터 마을에 쏟아지는 온갖 재앙들로 분위기가 살벌하다. 어른들이 쓰러지고 아이들이 정신을 잃기 시작했다. 소와 말까지 탕탕 죽어 나가니 가히 전쟁을 방불케 한다. 사람들은 이러한 재난의 원인을 찾아 우왕좌왕한다. 어떤 일이 왜 일어났는지 이해해야 비로소 살아갈 힘을 얻을 수 있기 때문이다. 북촌 가릿당 본풀이는 살아내고자 하는 마을 사람들의 의지가 고갱이로 담겨 꽃을 피워낸 서사라 할 수 있다.

어느 날부터인가 북촌 마을에 변고가 생기기 시작했다. 밤에는 신불이 타오르고, 낮에는 연불이 피어올라 사방에 연기가 자욱했다. 난데없이 옥퉁소 소리, 피리 날라리 소리, 비비둥둥 비비둥둥 끊이지 아니하고, 천둥 번개가 하늘을 뒤흔들었다.

풀 뜯기러 산에 올려보낸 소와 말이 이유 없이 탕탕 죽어 나가더니, 마을 어른들도 풍을 맞아 쓰러졌다. 갓난아기까지 경증을 일으키면서 정신을 잃으니 모두 근심이 가득하여 한 자리에 모였다.

"함덕도 볕이 나고 동복도 볕이 나 짱짱하니 날만 좋은디, 우리 마을은 어떵허연 밤낮으로 비바람에 날벼락이우꽈? 동네 어른 쓰러지고 농사도 망해 가난 살아갈 방도가 없수다."

"어디 산에 묘라도 잘못 써신가? 아니면 우리 마을에 큰스님이라도 들어와신가?"

이때 청년들이 나서서 말을 했다.

"천둥소리, 옥퉁소 거문고 소리는 가릿당 쪽에서 나는 것이우다."

"천둥소리는 하늘에서 나는 거주 어떵 거기서 난단 말이냐?"

"혹시 모르난 우리 청년들이 가서 둘러보고 오쿠다."

청년들이 가릿당 쪽으로 몰려가 이리저리 살피는데, 또다시 피리 퉁소 거문고 소리가 귀에 쟁쟁했다. 어느덧 날이 저물어 밤하늘에 불꽃이 초롱초롱 걸리더니 웬 백발 노장이 긴 수염을 날리면서 모습을 드러내었다.

"너희들은 누구냐?"

"저희들은 뒷개(북촌 마을) 사는 청년들인디, 우리 마을에 변고가 끊이지 않아 연유를 찾고자 이리 왔수다."

"때는 이미 늦었으니 썩 물러가라."

백발 노장이 호통을 치자 그 소리가 마치 천둥이 치는 듯했다. 청년들은 거듭 고개를 조아리며 용서를 구했다. 그제야 백발 노장이 화를 누그러뜨리며 입을 열었다.

"내가 여기 온 지 며칠이 지났는데도 본체만체하니 괘씸하여 재앙을 내렸느니라."

"어리석은 사람들이 무얼 알 수 있겠습니까? 몰라뵈었으니, 부디 용서해 주십서."

"알았다. 그러면 지금 당장 아픈 아이고 죽어가는 사람이고 모두들 데리고 오너라."

청년들이 마을 어른들께 달려가 사실을 전하고 모두 가릿당으로 모이게 했다.

"모두 다 엎드려라!"

모두 바닥에 엎드리자 백발 노장이 손을 들어 나쁜 기운 거두어들이고 아픈 사람들은 말끔히 낫게 해주었다. 그러고는 자신이 이곳에 오게 된 내력을 이야기했다.

"나는 송당 백주또 소천국의 아홉째 아들이노라. 뒷개에 가서 마을을 보살피라는 옥황상제와 오백장군의 명을 받아 내려왔는데 모두들 무관심하니 화가 나서 모진 광풍을 불러일으킨 것이다. 허나 앞으로는 모두들 평안해질 것이니 걱정 말아라. 앞으로 갈 길이 더디다."

마을 사람들이 잘못을 사죄하고 여쭈었다.

"밥 먹으면 배부른 줄 알고, 옷 입으면 등 따순 줄 아는 철없는 인간이니 부디 용서하십시오. 그러면 어디로 가시겠습니까?"

"나는 저 구지모를로 가서 천리를 보고 만리를 볼 것이다. 앞으로 열두시만곡 모든 곡식을 거두어들이게 농사를 많이 지어라. 어장에 물고기도 많이 잡아들이도록 하라. 마소도 많이 길러라. 오곡 풍성하게 하고 소와 말 번성시키고, 자손들도 잘 되게 해줄 것이다. 정월 열나흗날, 무사태평 기원하는 신년과세제 올리고 섣달그믐 날 송년제를 잊지 말아라. 강남천자국에서 영등대왕 영등할망 제주 산 구경 물 구경 올 것이니 이월 열사흗날 영등대제를 올리면 소라 씨 전복 씨 듬뿍듬뿍 뿌려줄 것이다. 인간 목숨 차지한 저승 열시왕 청해서 거리도청제를 올리면 명도 잇고 복도 이을 수 있다. 칠월 열나흗날 마불림제를 챙겨야 말이며 소들을 잘 몰아다 줄 수 있을 것이다."

북촌마을 사람들이 제를 올리며 정성을 다하고 한집님께서 지켜주시니 마을이 날로 번성했다.

옆 마을은 평안한데 북촌만 풍운조화가 그치지 않고 변고가 잇따르는 것은 결국 신을 제대로 모시지 않았기 때문이라는 결론이 났다. 그런데 그 신께서 챙기라고 하는 제일들은 어찌도 그리 많은가. 줄줄이 열거하는 제일들을 제대로 챙길 수나 있었을까 슬그머니 걱정될 지경이다.

가릿당 본풀이를 읽으며 가난한 살림에 시도 때도 없이 제사상을 차렸던 어머니가 생각났다. 여름이 가까워지면서부터는 거의 한 달에 한 번씩 제사를 지냈다. 친척들이 돌아가고 설거지까지 마무리하면 어느덧 새벽 두 시를 넘기기 일쑤여서, 제사 없는 세상에 살고 싶다고 혼자 구시렁거리곤 했다. 나의 이런 마음과는 달리 어머니는 제사에 정성을 다했다. 조상을 잘 모시면 은덕을 베풀어주시리라는 믿음과 간절함이 있었기 때문이리라.

가릿당 본풀이에서도 북촌 마을 사람들의 간절함이 느껴졌다. 신의 분노와 줄줄이 이어지는 당제는 마을에 불어닥친 참상을 이겨내고자 하는 삶의 의지이자 열망의 표현이 아니겠는가. 『세상은 이야기로 이루어졌다』의 저자는, 신을 달래기 위해 제물을 바치는 것을 일종의 해방적인 행위라고 했다.

가릿당 본풀이를 읽으며 이 마을이 겪었던 4·3의 고통이 떠올랐다. 1949년 1월 17일부터 고작 이틀 동안에 마을 주민 400여 명이 집단 학살을 당했다. 마을에서 경찰 두 명이 사망하자 이에 대한 보복으로 사람들을 초등학교 운동장에 모이게 하고 마구 총을 쏜 것이다. 이러한 북촌의 참상은 현기영의 『순이삼촌』에 오롯이 담겼는데, 이 작품을 계기로 4·3 사건에 대한 연구가 활발해지면서 진상 규명의 물꼬를 틀게 되었다.

순이삼촌은 아픔을 이겨내지 못하고 비극의 현장인 옴팡밭에서 스스로 삶을 마감하지만, 북촌은 삶에 대한 의지와 열망으로 마을을 지켜왔다. 북촌초등학교 옆 '너븐숭이 4·3기념관'을 둘러보고 나서 마을 길을 걸어보라. 정성이 가득한 집 정원과 벽화가 그려진 담벼락, 언덕 위 울창한 팽나무, 깔끔하게 정비해 놓은 역사 유적지까지 어느 하나 허투루 놔둔 곳이 없다는 걸 깨닫게 된다. 공동체의 노력과 정성이 느껴지면서 마음이 경건해지는 마을, 그곳이 북촌이다.

(위) 바닷가에 자리 잡은 북촌 가릿당.
(아래) 북촌 포구와 마을 풍경.

이승의 염라대왕 초낭골당 대방하르방

마을의 신들을 대표하는 '본향신'은 산 사람의 문서인 호적, 죽은 사람의 문서인 장적, 모든 사건사고 즉 물고, 그리고 생산 활동을 관장한다. 특히 산 사람과 죽은 사람의 문서를 차지한 까닭에 저승의 염라대왕이 명이 다한 인간을 데려가기 위해 차사를 보내면 먼저 본향신한테 와서 허락을 구했다. 이러한 본향신의 권능을 잘 보여주는 신화가 바로 초낭골당 본풀이이다.

초낭골 대방하르방은 저승의 염라대왕과 다툴 정도로 우김이 셌다. 염라대왕이 차사에게 명이 다한 인간 백성을 잡아 오라고 하면, 저승차사는 먼저 대방하르방한테 적패지를 바치고 허락을 구했다.

차사가 적패지를 올리면 대방하르방은 호적과 장적 문서를 들춰 보았다.

"아무개 사람은 평생 먹을 양식도 다 먹고, 명도 다했으니 데려가도 되겠소."

이렇게 허락을 받고서야 차사는 명이 다한 백성을 저승으로 데려갈 수 있었다.

명이 다한 사람이라도 대방하르방한테 와서 빌면서 진심으로 사죄를 하면 하르방이 죽을 운명을 막아주기도 했다. 그래서 초낭골 대방하르방을 인간 목숨 관장하는 이승의 염라대왕이라고 불렀다.

적패지는 염라대왕이 이승에 전달하는 문서이다. 차사는 적패지를 가지고 와서 마을의 본향신에게 제시했다. 그러면 본향신은 호적과 장적을 들춰보면서 진짜로 명이 다했는지를 확인하고 데려가라고 허락했다.

재미있는 것은 비록 명이 다한 사람이라 할지라도 대방하르방한테 가서 진심으로 참회를 하면 명줄을 이어주기도 했다는 것이다. 염라대왕이 단호하고 가차 없는 저승의 신이라면, 대방하르방은 보다 인간에 가까운 이승의 신이라 할 수 있다. 오래 살고 싶은 사람뿐만 아니라 억울한 사람, 상처 입은 사람들이 대방하르방한테 가서 구구절절 사연을 아뢰면 가만히 귀기울여 들어주었을 것 같다.

내용이 흥미로운 만큼 어떻게 조성된 당인가 궁금했는데, 전통문화연구소에서 펴낸 『제주신당조사』에는 조천리에 그런 당이 없었다. 그런데 바로 옆 마을인 신흥리에 신명이 비슷한 당이 있는데, 바로 '신흥리 본향 대방황수당'이다.

대방황수당은 신흥리 주택가에 자리 잡고 있는데, 지붕 위로 신목인 팽나무가 치솟아 있어 쉽게 찾을 수 있었다. 마침 바로 앞집 마당에 동네 할머니들이 모여 앉아 담소를 나누고 있었다. 그래서

신흥리 대방황수당. 신목 팽나무는 보호수로 지정되어 있다.

당에 대해 물었더니, 대방황수당은 하르방당이고, 볼래낭할망당과는 부부지간이라고 했다.

한 할머니가 어렸을 때 동네 어른들이 하는 말을 들은 게 있다며 들려준 이야기가 흥미로웠다. 한밤중에 호롱 불빛 같은 게 두 당 사이에 오가는 것을 종종 보는데, 두 신이 그렇게 만나는 것이라고 얘기했단다. 그러다가 하르방 산신을 볼래낭할망당으로 옮겨간 뒤에는 불빛이 없어졌다고 했다.

열다섯 소녀의 한이 서린 신흥리 볼래낭할망당

조천읍 신흥리에 뭍으로 바짝 다가앉은 바다가 있다. 둥그렇게 해안선을 그리고 있어 한눈에 봐도 배를 대기에 좋은 장소라는 느낌이 든다. 이곳에 방사탑을 여러 기 세워놓았는데, 노략질하는 일본 배들이 많았기 때문에 나쁜 기운을 몰아내기 위해서였다고 한다. 신흥리 포구를 왜포라고 불렀던 것도 왜구의 침입과 관련이 있다.

이곳 신흥리 바닷가 길옆에 아담하게 조성된 당이 하나 있다. 열다섯 소녀의 비극을 품은 볼래낭할망당이다.

옛날에 열다섯 살 난 박씨 소녀가 바다에서 파래를 뜯고 있었다. 마침 근처를 지나던 일본 배 선원들이 물을 뜨러 해안으로 올라왔다가 소녀를 보았다. 일본 선원들이 소녀를 겁탈하러 달려들었다. 소녀가 질겁하여 도망치다가 근처 볼래낭(보리수나무) 아래서 쓰러졌다. 결국 소녀는 선원들에게 죽임을 당하고 말았다. 이를 알게 된 동네 사람들이 소녀의 죽음을 안타까워하며 당을 설립했다.

담장 안에 둥그렇게 우거진 나무가 볼래낭(보리수나무)이다.

마을 사람들은 열다섯 살 딸아이가 일본 선원에 의해 참혹하게 죽었다는 걸 알고는 신으로 모시면서 위로했다. 제주에서는 여신을 할망이라고 하니, 볼래나무가 있는 여신의 당이라고 하여 이곳을 '볼래낭할망당'이라고 부른다. 소녀가 죽은 바로 그 자리에 당을 설립한 것이다.

현용준의 『제주도무속자료사전』에는 볼래낭할망당이 금남의 구역이므로 근처를 지나는 남자들은 고개를 돌려야 했다고 기록하고 있다. 남자에 의해 겁탈당해 죽은 소녀였으니 남자가 근처에 가기만 해도 몸서리치리라 여기고 배려한 조치이리라. 이제 대방황수 남신과 부부가 되어 합좌하게 되었으니 가슴 아픈 사연이 부부의 사랑으로 치유되기를 바라는 마음이다.

이름처럼 보리수나무가 울창한 볼래낭할망당은 돌담과 보리수나무, 소나무가 어우러져 소박하면서도 단아한 모습이다. 이곳에 서면 흐르는 시간 속에 묻혀버릴 수도 있었던 소녀의 이야기가 몇 줄의 신화로 남아 아픔을 되새김하고 있다는 생각을 하게 된다. 그러면서 많은 이들의 상처까지 보듬어 왔으리라.

해녀와 어부들을 지켜주는 새곳할망

조천은 조선 시대 출륙 금지령으로 백성들이 섬 밖으로 나가지도 들어오지도 못하던 시절 유일하게 육지와 왕래하는 관문 역할을 했다. 그래서 이 지역에는 신화 속에 등장하는 장씨 선주처럼 해상무역으로 부를 쌓아 올린 유지들이 많았다. 새곳당 본풀이는 이러한 역사적 배경과 함께, 뱀이 한 집안의 조상신이자 마을의 생업 수호신이 되는 과정을 담고 있다.

장동지 영감은 부유한 가정에 대풍선 9척, 중풍선 9척, 도합 18척을 가지고 있었다. 어느 해 제주에 흉년이 들었는데 장동지 영감이 양곡을 싣고 오는 임무를 맡았다. 배에 곡식을 가득 싣고 육지에서 돌아오던 중에 제주 바다에서 태풍을 만났다.

그때 다른 배는 괜찮았는데 장동지 영감이 탄 지휘선만 침몰할 위기에 처했다. 배 안으로 물이 들어오기 시작한 것이다.

장동지 영감은 동쪽을 향하여 절을 세 번 올리며 바다의 신께 호소했다.

"배에 가득 실은 양곡은 백성들을 살리기 위한 것입니다. 부디 무사히 제주로 돌아가 백성들을 살릴 수 있게 해주십서."

장동지 영감이 간절하게 기도를 올리는데, 한순간에 캄캄했던 하늘이 훤해지고, 태풍이 잦아들었다. 그러더니 가라앉던 배가 두둥실 떠오르는 게 아닌가. 그리하여 장동지 영감의 배는 무사히 조천포구에 도착할 수 있었다.

장동지 영감이 양곡을 뭍으로 내리고 보니 배 맨 아래에 큰 구멍이 나 있었다. 그 구멍을 큰 뱀이 똬리를 틀며 막고 있었던 것이다.

이를 전해 들은 장동지 부인이 배 쪽으로 달려가 보자기를 펴놓았다.

"우리한테 태운 조상이건 여기로 올라오십서."

그러자 뱀이 보자기로 올라오더니 선착장 부근에 있는 바위틈으로 들어갔다. 부인은 이곳에 당을 만들고 정성스레 제사를 올렸다. 그리고 장씨 가문 대대로 당제를 지내게 되었다.

장씨 가문에서 지내던 당제에 차츰 마을 사람들도 참여하게 되었다. 다른 지역 어부, 해녀들도 배를 타고 바다를 나갈 때는 이곳에 와서 제사를 올리며 무사 안녕을 빌었다. 당 이름은 뱀이 구멍에 들어갔다고 고망할망당이라고도 하고, 새콧당이라고도 한다.

새콧당은 뱀신이 바위틈으로 들어갔다는 돌무더기 속 구멍이다. 옛날에는 이곳이 선착장 부근 너른 공터였겠지만, 주택가가 들어서면서 집 담장에 의지하는 상황이 되었다. 이후 길을 넓히면서 담

돌 아래 작은 구멍에 새콧당 뱀신이 좌정하고 있다.

장마저 헐어야 했던 모양이다. 그래도 새콧당이 있는 돌담 일부는 남겨놓았으니, 옹색하나마 지금의 모습을 유지할 수 있게 되었다.

이렇게 당이 소박하다고 우습게 보면 큰코다친다는 걸 알려주는 일화가 있다. 몇 년 전 겨울에 축항 공사를 하던 인부가 담배를 피우다 꽁초를 당에 떨어뜨렸는데, 신께서 노했는지 바로 쓰러졌다. 이후 정성으로 제를 지내면서 용서를 구하고 나서야 인부가 건강을 되찾을 수 있었다 한다.

육지와 왕래하는 관문 역할을 했던 조천포구.

최근에 새콧당에 다시 가보니 쓰레기를 말끔히 치우고 안내판도 세워놓았다. 소박하지만 신성한 공간을 지키고 가꾸려는 마을 사람들의 정성이 느껴져 무척 반가웠다.

와산 불돗당 옥황상제 따님아기

불도 땅은 어머니의 태에서 나온 아기가 열다섯 살이 될 때까지 불도할망(삼승할망)이 키워주는 곳으로 이승과 저승의 경계점에 있다고 한다. 의료 혜택이 없어서 많은 아이들이 목숨을 잃었던 시절, 열다섯 살이 넘어야 완전히 산목숨으로 보았다. 그때까지는 불도 땅에서 불도할망의 보살핌을 받아야 했다. 와산마을에는 별공주 아기씨가 내려와 불도할망으로 좌정했으니, 신앙민들의 섬김을 받으며 아기들을 점지하고 건강하게 키워주고 있다.

옥황상제 셋째 딸이 부모 말씀을 거역하니 옥황상제가 명을 내렸다.

"당장 인간 세상으로 귀양정배를 보내라!"

하늘옥황에서 쫓겨난 별공주님이 진녹색 저고리에 연반물 치마를 입고 외코 접은 백목버선, 새 그려 새참빗, 용 그려 용얼레기로 쉰댓 자 머리를 사륵사륵 빗어놓고 꽃댕기 드리워 인간 땅에 내려왔다.

눈미 와산 당오름으로 내려선 별공주님이 사방을 둘러보았는데,

단풍 고운 나무들이 볼 만하고 오름 아래 샘물도 맑아 마음에 들었다. 별공주님은 이곳에 좌정하기로 마음먹고 어느 자손을 상단골로 삼아 섬김을 받아볼까 살펴보았다.

"저 내생이(와산리) 묵은카름(마을 이름)에 사는 김향장 따님이 출가하여 이십이 넘고, 삼십이 넘고, 사십이 넘어가도 남녀 간의 대를 이을 아이가 없구나. 논밭도 많고 마소도 많고 남부러울 것 없이 유복하게 살아도 후세를 이을 자손이 없어 탄식하고 있으니 아기를 점지해 주어야겠다."

별공주님이 김향장 따님의 꿈에 나타나 계시를 주었다.

"내일 아침에 저 당오름 중허리에 올라가 보라. 거기에 석상 미륵이 있을 테니 하얀 쌀로 밥을 짓고, 백시루떡에 계란 안주, 미나리 채소, 청감주를 차려 와서 수륙재(아이 낳기를 비는 제) 올리라. 그러면 석 달 열흘 백일이 되기 전에 알아볼 도리가 있을 것이다."

슬하에 아기가 없어 매일 탄식하던 김향장 따님은 꿈에서 깨자마자 백시루떡, 미나리 청근채, 계란 안주, 청감주를 정성으로 장만하고 당오름으로 갔다. 당오름 중허리를 돌다 보니 커다란 왕석이 떡하니 자리를 잡고 있는데, 피를 흘리고 있었다. 김향장 따님은 정성을 다해 음식을 차리고 제를 지냈다.

그렇게 제를 지내고 돌아온 지 석 달 열흘이 못 되어 정말로 아기가 들어섰다. 한 달 두 달 넘고 아홉 달, 열 달이 되어 해산일이 다가오니 고마운 마음을 전하고 싶어 다시 음식을 장만하여 당오름으로 올라갔다.

제물을 구덕에 담아 등에 지고 당오름으로 오르려 하니 여간 힘든

게 아니었다. 그래서 제를 지내고 내려오면서 별공주님께 청을 드렸다.

"한집님, 올라오젠 허난 앞동산은 높아 뵈고 뒷동산은 얕아 보여 간신히 기다시피 올라왔수다. 영 올라오기가 힘이 드난 요만큼만 내려서 좌정해 줍서. 그러면 우리 자손들이 편하게 다닐 수 있을 거우다."

그날 밤 벼락천둥이 치며 굵은 빗발이 쏟아지는데, 우르릉 쿵쾅 무시무시한 소리가 마을을 흔들었다. 다음 날 아침 날이 맑게 개자 김향장 따님이 당오름으로 가보았다. 오름에 도착해 보니 왕석이 당오름 기슭으로 내려와 좌정해 있었다.

부인이 얼마 후 아들을 낳으니 하도 기쁘고 고마워서 또 제물을 차려서 찾아갔다. 이번엔 꼭대기까지 올라가지 않아 조금 수월했다. 그래도 마을 가까이 더 내려오시면 좋을 것 같아 다시 간청을 드렸다.

"한집님, 이왕이면 마을 가까이 평평한 데로 내려와 좌정해 줍서. 그러면 일만 자손이 조상님으로 위하도록 허쿠다."

이렇게 축원을 드리고 나서 뒷날 다시 가보니, 바위는 마을 가까이 고장남밧 팽나무 아래로 내려와 좌정해 있었다. 김향장 따님은 눈미 와산의 상단골이 되었다. 마을 사람들은 3월 13일을 대제일로 하여 당굿을 열고 정성을 올렸다. 그러면 불도할마님은 귀한 집안에 자손들도 점지해 주고, 별 탈 없이 잘 클 수 있게 해주었다.

와산 불돗당은 일반 주택처럼 돌담에 넓은 마당과 당집이 있는 신당이다. 마당에는 신목인 팽나무가 천년의 세월을 이고 있는 듯 휘어져 있고, 거대한 신석은 당집 안에 모셔져 있다. 신석은 크기가 가로 2미터, 높이 1.5미터 두께 2미터 정도 되는 거대한 바위이다.

당집에 모셔진 별공주 아기씨의 신석.

이 거대한 바위 위와 주변에 제물을 차려놓고 제를 지낸다.

신화 연구가 강순희는 『제주신화의 숲』에서 불도 땅 서사가 임신과 출산의 과정을 상징한다고 보았다.

"'줄을 타고 내려온 옥황상제 따님아기가 바위가 되어 좌정했다.'에 나타난 의미는 '탯줄을 타고 옥황상제 따님아기같이 귀한 존재가 산모의 몸에 무거운 바위처럼 앉게 되었다'가 되는 것이지요. (……) 바위가 아래로 아래로 내려왔고 고장남밧 만년 팽나무 아래 멈추었지요. 바위가 태아라면 '아래로 아래로 내려왔다.'의 의미는 '해산 과정'으로 연결됩니다."

본풀이에도 "옥황상제 말젯딸애기 금시상 귀양 오라 당오름 상상봉오지로 좌정ᄒᆞ여 큰 왕석으로 피가 흘렀습니다."라는 구절이 있는데, 피가 흐른다는 표현도 출산 과정을 암시하는 것이라고 풀이한다.

이렇게 와산 불돗당은 아기를 갖는 데 효험이 있는 당으로, 음력 3월 13일에 열리는 당굿은 마을 주민은 물론이고 민속 연구자들, 조천읍장까지 참석할 정도로 큰 의례이다. 몇 년 전 당굿을 보러 갔을 때, 마을 이장이 아기를 갖지 못해 근심이 많던 중 이곳에 와서 제를 올리고 자식들을 얻게 되었다고 자랑하던 모습이 눈에 선하다.

벼락장군 모신 와산 베락당

원시 인류는 불가사의한 자연현상을 신격화했고, 천둥과 번개 등 자연재해를 신의 분노라고 생각했다. 사람들은 의례를 통하여 신을 숭배하고 인간의 죄에 대해 용서를 구함으로써 두려움에서 벗어나고자 했다. 조천읍 와산리에도 무시무시한 벼락장군을 신으로 모시고 있는데, 그 서사가 기발하고 유쾌하다.

옛날 한 여인이 큰딸을 데리고 '거믄땅밭'에 검질(잡초)을 매러 갔다. 점심때가 되어 먹쿠실나무 아래서 밥을 먹는데 갑자기 귓속이 간지러워 딸에게 말했다.

"큰년아, 나 귓속 좀 보라. 가랑니가 기어다니는지 근질근질허다."

딸이 어머니의 귓속을 들여다보니 가랑니는 없고 귓밥이 가득했다.

"어머니, 귓속에 귓밥이 소빡 들어차수다."

"그러면 귓밥을 내어봐라."

딸이 가는 나뭇가지 꺾어 귓밥을 빼내다가 그만 어머니의 귀청을 건드려 버렸다. 움찔 놀란 어머니가 발칵 화를 냈다.

"아이고 이 벼락 맞아 죽을 년아! 지 어멍 죽으라고 귀청 쑤시는 년이 어디 이시냐?"

그때 마침 머리 위 하늘로 벼락장군이 지나가고 있었다. 욕을 들은 벼락장군은 벼락을 내리치라는 신호로 받아들이고 벼락방망이로 벼락을 내리쳤다.

그 순간 딸이 벼락에 맞아 까맣게 타 죽었다. 순식간에 벼락에 맞아 죽은 딸을 보고 어머니가 놀라 까무러쳤다.

"아이고, 아이고. 훤한 대낮에 이거 무신 일이라! 명천 같은 하늘님아! 욕 한 번 했다고 죄 없는 백성을 벼락 쳐 죽이는 법이 어디 있수과?"

두 이레 열나흘 그치지 않고 어머니가 땅을 치며 대성통곡하니 마침내 원망 소리가 옥황상제의 귀에까지 올라갔다. 옥황상제가 무슨 일인가 하고 자초지종 알아보니 벼락장군이 죄 없는 백성을 죽인 게 사실로 드러났다. 옥황상제는 벼락장군을 불러다 벼락 몽둥이며, 벼락 줄이며, 벼락 방석까지 거두고는 인간 세상으로 귀양정배 보냈다.

벼락장군이 눈미(와산) 마을로 내려와 좌정할 곳을 찾는데, 이리 가서 허위 둘러보고 저리 가서 허위 둘러봐도 마땅한 자리가 없었다. 그런데 벼락장군이 지나가는 자리마다 불길이 화르르 번지는 게 아닌가. 확확 불길이 번져가니 온 동네가 발칵 뒤집혔다.

눈미 와산 자손들이 놀라서 급히 심방을 불러와서 어찌 된 조화인지 점을 치게 했다.

"벼락장군이 하늘에서 귀양정배 내려와신디 마땅한 좌정처를 찾지 못해 이 사달이 난 것이우다."

마을 사람들은 급히 불도 땅 별공주님 옆에 자리를 마련하고 벼락장군을 좌정시켰다. 그러자 더 큰 일이 벌어졌다. 갑작스레 마을 어른들이 탕탕 쓰러지면서 줄초상이 나는 게 아닌가. 마을 사람들이 불도 땅으로 달려와 굿을 하며 빌고 또 빌었다.

"무슨 연유인지는 모르쿠다마는 노여움 푸시고 용서해 주십서."

그날 밤 마을 어른의 꿈에 별공주님이 나타나 호통을 쳤다.

"비록 귀신일지라도 엄연히 남녀 간에 구별이 있거늘, 어찌하여 나와 벼락장군을 한자리에 있게 하느냐? 그을음내가 코를 찔러 견딜 수가 없으니 당장 벼락장군을 다른 곳으로 내치라!"

별공주님의 노여움을 알게 된 마을 사람들은 부랴부랴 벼락장군께 마을 동쪽 만년 폭낭 아래 따로 자리를 마련해 드렸다. 그제야 비로소 마을이 조용해지고 평화가 찾아왔다.

'말이 씨가 된다.'는 속담을 이토록 생생하게 보여주는 서사가 있을까! 짤막하면서도 생동감 넘치는 장면이 참으로 실감 난다. 급한 성미 때문에 사달을 일으키고 좌정할 곳을 찾지 못해 우왕좌왕하는 벼락장군은 송당의 소천국과 쌍벽을 이룰 정도로 개성이 넘친다.

벼락장군이 좌정하고 있는 와산 베락당은 신화 속 서사만큼이나 풍경이 압도적이다. 신목 팽나무는 수령을 가늠할 수 없을 정도로 우람한데, 멀리서 보면 꿈틀거리는 줄기와 가지가 하늘로 올라가지 못한 분노와 욕망의 몸부림처럼 보인다. 거기다가 팽나무 가지

정비되기 전의 베락당 신목 모습.

로 온갖 덩굴들이 감아 오르면서 무시무시한 분위기를 만들곤 했다. 과연 벼락장군의 좌정처라 할 만한 풍경이다.

세월의 흐름 속에 변하지 않은 것이 없으니 이렇게 무시무시한 베락당의 풍경도 많이 달라졌다. 마을에서 당을 새롭게 정비하면서 울타리도 쌓아놓고, 나무를 휘감고 올라가는 넝쿨들도 모두 걷

깨끗이 정비하고 울타리를 둘러놓은 베락당.

어낸 후 안내판까지 세워놓았다. 이발을 마친 것 같은 단정한 모습이 영 어색한 데다, 무시무시한 벼락장군의 위용까지 깎여나가 버린 것 같아 아쉬웠다. 하지만 베락당을 정비하고 보존 조치를 해준 까닭에 최소한 사라지는 것은 막게 되었으니 그나마 다행이라는 생각이 든다.

와흘본향당의 백조도령과 서정승 따님아기

인류가 모계 사회에서 남성 중심의 가부장 사회로 옮겨갔듯이 신들의 세계에서도 그 주도권이 여신에서 남신으로 이동하고 있다. 송당의 백주또와 소천국의 아들 백조도령 이야기도 그러한 이동 과정을 보여주는 서사이다.

송당 본향 열한 번째 아들 백조도령이 하늘옥황에서 공부를 마치고 인간 세상에 내려와 천기를 짚어보았다. 한라영산으로 물장오리로 태역장오리로 민오름 굼부리로 훑으며 앉아서 천리를 보고, 서서 만리를 보며 좌정할 곳을 찾았다.

차차 아래로 내려오다 개머리동산에 앉으니 노늘(와흘) 동네가 편안하게 누워 있는 형세라 좌정처로 적당했다. 어느 곳에 자리를 잡을까 이리저리 둘러보는데, 노늘 한거리 팽나무 아래에 한 여신이 이미 자리를 차지하고 있었다. 하는 수 없이 몸을 돌려 기시내 오름에 오르다가 현씨 하르방과 마주쳤다. 백조도령은 현씨 하르방에게 팽나무 아래 자리 잡고 있는 여신이 누구냐고 물어보았다. 현씨 하르방은 '서정승 따님아기'가 좌정하여 마을의 호적 장적을 차지하고 있다고 대답했다.

백조도령은 하르방한테 명함을 주면서 중매를 부탁했다. 이에 현씨 하르방이 명함을 가지고 서정승 따님아기에게 가서 백조도령의 의중을 전했다. 명함을 살펴본 서정승 따님아기는 백조도령에게 우선 얘기나 나눠보자고 했다.

백조도령은 서정승 따님아기 곁으로 다가가서 정중하게 예를 갖추고는 부부가 되어 같이 살자고 청혼했다. 서정승 따님아기가 백조도령의 청혼을 받아들이고 부부가 되어 노늘 한거리 만년폭낭 아래 좌정했다.

부부는 동네 어른들을 불러들여 분부를 내렸다.

"우리는 여기에 좌정할 것이니 정월 열나흘과 칠월 열나흘에 대제일을 마련하라."

마을 사람들은 새해 정월 열나흗날 신께 신년과세제를 올리고, 칠월 열나흗날 마불림제를 올렸다.

시간이 흘러 서정승 따님아기가 임신을 했다. 하루는 백조도령이 외출하고 돌아왔는데 서정승 따님아기가 노린족달, 한족달, 서족달, 고기를 받아먹고 있었다.

"부인은 어찌하여 고기를 먹고 있소?"

"아이를 낳젠 허민 당연히 고기가 먹고프지 않겠습니까?"

백조도령은 고기를 먹어 부정해진 부인과 한 자리에 같이 있을 수 없다고 선언했다.

"당장 바람 아래로 내려앉으시오."

서정승 따님아기가 하는 수 없이 아랫자리로 물러앉으니 그때부터 부부는 따로 지내게 되었다.

새로운 신이 좌정할 곳을 찾아내 좌정하고 신앙민들의 섬김을 받기 위해서는 그곳을 먼저 차지한 신에게 허락을 받아야 한다. 허락을 받지 못하면 좌정한 신이 없는 곳을 찾아 다시 길을 떠나야 하는 것이다. 그런데 백조도령은 먼저 자리를 차지한 서정승 따님아기와 혼인하여 부부가 되는 방법으로 무난하게 들어설 수 있었다.

거기에 그치지 않고 부인이 임신했을 때 고기를 먹었다는 이유로 바깥 자리로 밀어내 버렸다. 그러고 나서 본인이 당당하게 가운데 자리를 차지했다. 당 이름도 산신인 그의 신격에 따라 하로산당이라 붙였다. 같은 당 안에 좌정하고 있긴 하지만 이른바 '바람 위와 바람 아래' 로 별거에 들어간 것이다.

'바람 위와 바람 아래'는 깨끗한 신과 부정한 신을 상징하는 자리이자 서열의 높고 낮음을 가르는 자리이다. 백조도령은 어머니에게 쫓겨난 아버지와는 달리, 부인이 임신 중에 고기를 먹었다는 이유로 바람 아래 자리로 밀어내 버린다. 바야흐로 세대가 달라지고, 시대가 변했다는 것을 웅변하는 것 같다.

백조도령은 원래 아버지처럼 사냥을 하는 산신이었다. 그래서 당굿에서 수렵 시대의 상징인 '사농놀이(산신놀이)'가 펼쳐진다. 하지만 그는 단지 활만 잘 쏘는 것이 아니라 하늘옥황에 가서 공부를 하고 돌아올 정도로 학식도 갖추었다. 백조도령은 산신이면서 농

와흘본향당 신년과세제 풍경. 제단 중앙에 백조도령 신위가 있다.(사진: 김일령)

경신이고 마을을 지켜주는 본향신이 되었다.

'와흘리 본향 한거리 노늘하로산당'은 '제주도 민속자료 제9호'로 지정되었다. 매년 음력 정월 열나흘에 신께 세배를 올리는 신년과세제를 올리는데, 마을 주민은 물론이고 손님들도 밀려들어 북적북적하다. 마을 당굿을 중심으로 단합하는 모습을 보여주는 신앙공동체가 바로 와흘이다.

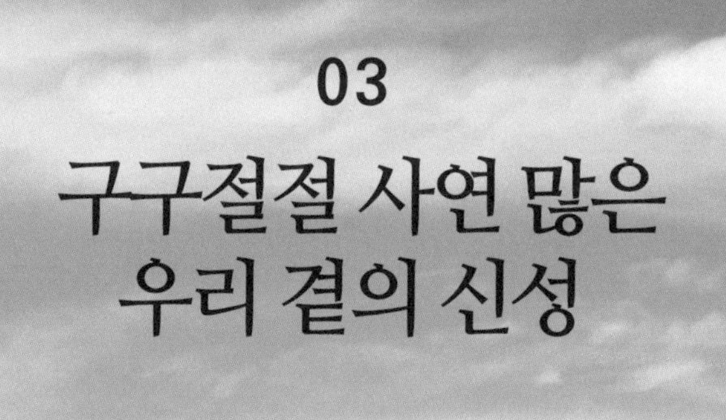

03

구구절절 사연 많은 우리 곁의 신성

성산읍 온평리는 탐라국의 건국신화와 밀접하게 관련이 있다. 모흥혈에서 솟아난 세 신이 벽랑국에서 온 세 공주를 맞이하고 신방을 차린 '혼인지'가 온평리에 위치해 있다. 그러나 마을에서 모시는 당신은 세 공주가 아니라, 서울 경기 땅에서 솟아난 세 자매 중 막내인 명오부인이다. 외부에서 성산으로 들어온 신들은 먼저 찾아뵙고 인사를 올려야 할 정도로 명오부인은 이 지역에서 주도권을 쥐고 있다.

성산과 함께 표선은 한라산 남동쪽 끝 바닷가에 접하고 있으며, 조선시대 정의현에 속했다. 정의현 신앙의 큰 축을 이루고 있는 신은 토산여드렛당의 뱀신인 방울아기씨와 토산일뤠당의 산육신인 용왕황제국 따님아기이다.

삼달본향당의 황서국서 어매장군

성산읍 삼달리는 한라산 자락에서 바다까지 길게 이어진 지역으로, 전체 면적의 56퍼센트가 초지 및 임야이다. 예로부터 넓은 초지를 이용한 소 사육이 주류를 이루었고, 광복 전까지 집마다 소 한 두 이상 길러 전체 200여 두를 사육했다는 기록이 있다. 그래서일까. 삼달리에는 소와 관련한 황서국서 어매장군 신화가 전승되고 있다.

서울 사는 황정승이 중병에 걸려 백약이 무효였다. 그러던 중 지나가던 대사가 황소의 더운 피를 먹으면 병이 낫겠다고 얘기했다.

황정승이 황소를 잡으려고 백정을 수소문했으나 한 사람도 찾을 수 없었다. 황정승을 역적으로 간주한 조정에서 혹여나 황소의 피를 먹고 살아날까 염려하여 백정들을 모조리 가두어버렸기 때문이다.

황정승이 고심 끝에 큰아들을 불러 소를 잡아보라고 일렀다. 큰아들은 기겁하면서 고개를 저었다. 둘째 아들을 불러 부탁해도 마찬가지였다. 다행히도 셋째 아들은 한번 해보겠다고 나섰다.

셋째 아들이 참실로 소 모가지를 묶고 벼락같이 고함을 쳤다. 그러자 소가 놀라서 그 자리에 쓰러졌다. 셋째 아들은 황소의 피를 뽑아 아버지께 드렸고, 황정승은 피를 마셔 마침내 원기를 회복했다.

황정승은 병을 떨치고 일어났으나 셋째 아들이 걱정되었다.

"너는 역적을 살린 죄인이 되었으니 여기서 살기 힘들 것이다. 군졸이 들이닥치기 전에 어서 도망가거라."

셋째 아들 어매장군이 급히 도망가는데, 남쪽으로 방향을 잡고 전라도로 해서 제주에 당도했다. 구좌의 골막(동복리)으로 배를 대고 섬에 올라선 셋째 아들은 우선 장군혈을 찾아보았다.

그때 심돌(시흥리) 허풍헌이 풍헌 벼슬을 살러 지나가고 있었다. 작은아들은 참매로 변하여 앞길을 어지럽혔다. 그러자 허풍헌이 버럭 소리를 질렀다.

"어떤 짐승이 앞을 어지럽히고 있느냐?"

어매장군은 이만한 기개면 풍헌 벼슬을 살 만하다고 인정하고 순순히 길을 비켜주었다. 그러고는 길을 떠나 종달리로 들어섰다. 종달리에는 여자들이 삼태기를 들고 소금 일을 하느라 시끌벅적했다.

"이곳 사람들이 너무 드세서 좌정할 곳 못 되는구나."

이번엔 심돌 큰물머리로 가보았다. 마침 그곳에 장군혈이 있어 좌정할 자리로 적당했다. 그런데 장군혈에 가보니 허풍헌이 이미 그 자리에 조상의 묘를 써버렸다. 별도리가 없어 송당 높은오름에 올라 옥퉁소를 불면서 날을 새고 놀았다.

어매장군이 한라산으로 올라 오백장군 구경하면서 심기일전 마음을 다잡은 다음 다시 장군혈을 찾아 나섰다. 정의골 멍둥마루에 장군혈이 있어 내려갔는데, 관가에서 죄인들을 끌어다 매를 치고 있었다.

"죄인의 비명이 그치지 아니하니 심사가 어지럽구나."

다시 길을 떠나 난미(난산리) 장군혈로 들어섰는데 골미당(소의당)이 있어 격이 떨어져 보였다. 그래서 와갱이(삼달리)로 내려왔는데, 가난한 형편이라도 벼룻물도 좋고 세숫물도 좋은 것이 좌정할 만했다.

어매장군은 와갱이에 좌정하기로 마음먹고 마을을 둘러보았다. 이리저리 살펴보니 김씨 영감이 병이 들어 죽어가고 있었다. 어매장군이 김씨 영감의 꿈에 나타나 일렀다.

"흰 돌래떡, 시루떡에 소주를 마련하고 고방의 널판 위에 나를 모시면 너를 살려줄 터이니 그리 알라."

김씨 영감이 잠에서 깨자마자 어매장군이 일러준 대로 제물을 장만하고 제사를 지냈다. 그랬더니 병이 씻은 듯이 나았다.

김씨 영감이 병을 떨치고 일어난 후 상통천문 하달지리, 세상 이치를 깨닫고 죽을 사람 살 사람 척척 알아맞히는 경지에 이르렀다. 소문이 널리 퍼지니 사람들이 줄지어 찾아와 문전성시를 이루었고, 김씨 영감은 삽시간에 부자가 되었다.

어느 해부턴가 흉년이 들어 한 해 두 해 아홉 해 계속되었고, 죽어가는 사람들이 사방에 가득했다. 이에 김씨 영감은 재산을 풀어 한 집에 곡식 닷 되 한 말씩 나누어주었다. 그 덕에 백성들이 어려운 고비를 넘기며 거듭되는 흉년을 버틸 수 있었다.

중산간 지대 수풀 속에 위치한 삼달본향당.

이 일을 알게 된 조정에서 김씨 영감에게 통정대부 벼슬을 주었다. 김씨 영감은 벼슬을 받고도 이웃에 점을 쳐주며 심방 일을 하다가 죽었다.

조정에서는 그간의 공을 인정하여 김씨 영감을 기릴 수 있도록 밤나무로 만든 신상(神像)을 내려보냈다. 와갱이(삼달리)에서는 황서국서 어매장군과 함께 김씨 영감을 본향신으로 모시며 정월 2일, 2월 13일, 7월 13일에 제를 올린다.

신화 연구가 강순희는 『제주 신화의 숲』에서 삼달본향당 본풀이의 주인공 어매장군을 황소의 신격으로 보았다. 신화 속 서사는 황소를 부림소, 즉 밭갈쇠로 만드는 과정을 나타낸 것이라고 해석한다. 나이 든 황소가 일을 못 하게 되자 어린 소를 길들이게 되었고, 어린 소가 일소가 되는 과정은 장군이 되어 좌정하는 것과 같다고 했다.

신화 속에 펼쳐지는 서사와 부림소를 만드는 과정을 하나하나 대응시키지 않더라도 '황서국서 어매장군'이라는 신명을 듣는 순간 황소가 음매하고 우는 광경이 절로 떠오른다. 황서국서 어매장군은 황소의 신격이자 세경본풀이의 정수남이처럼 황소를 관장하는 목축신이 아닐까. 황소의 신격이었던 황서국서 어매장군은 점차 마을의 생산, 물고, 호적, 장적을 차지한 본향신이 되었을 것이라 추측해 본다.

삼달본향당은 여느 주택처럼 당집과 마당이 잘 정비되어 있다. 당집 안에는 신상을 모시는 나무 상자가 있고, 그 안에 황서국서 어매장군과 김씨 영감의 신상이 있다. 평소에는 문이 잠겨 있는데, 인터넷에 뜬 사진 자료를 통해 신상에 고운 한복이 입혀져 있는 모습을 볼 수 있다.

성산의 터줏대감, 명오부인

외부에서 제주에 들어온 신들은 하늘에서 내려오거나, 용궁에서 들어오거나, 다른 지역에서 바다를 건너온다는 모티프를 가지고 있다. 신산 본산국 서울 경기 땅에서 솟아난 세 자매들도 계수나무 배를 타고 제주로 들어왔다.

신산 본산국 서울 경기 땅에서 솟아난 세 자매가 열다섯이 넘어가자 세상을 유람하고 다니다가 계수나무 배를 타고 제주로 들어왔다. 세 자매는 제주섬에 좌정하여 자손들로부터 섬김을 받으며 살기로 했다.

큰언니 정중부인은 조천관내에 좌정했고, 둘째언니 관세전부인은 김녕리 인심이 좋아 그곳에 좌정했다. 막내인 명오부인은 신산리 범성굴왓 고장남밧에 와서 좌정했다. 그 이후 온평리에서 가지 갈라다 진동산에 명오부인을 모셨다.

명오부인이 마을에 좌정했으나 누구 하나 알아보고 섬기는 이 없었다. 명오부인은 화가 나서 문씨 집 갓난애한테 풍운조화를 부렸다. 그 때문에 아이가 걷지도 기지도 못하면서 구덕(아기 바구니)에서만 지냈다. 아이가 일곱 살이 나도록 구덕 밖으로 나오지 못하니 온 집안의 근심거리가 되었다.

시월 초하룻날, 아이 어머니가 혼인지에 물 길으러 간 사이에 구덕에 누워 있던 아이가 벌떡 일어나더니 개암용머리 바닷가로 걸어갔다. 아이는 성큼성큼 바다로 들어가서 홀연히 자취를 감추고 말았다.

혼인지에서 물을 길어 돌아온 어머니가 빈 구덕을 보고 놀라 자빠졌다. 기지도 걷지도 못하던 아이가 하루아침에 사라진 것이다. 온 식구들이 아이를 찾아 동네를 샅샅이 뒤지고 있는데 누군가 바다 쪽으로 가는 아이를 봤다고 얘기했다. 그래서 바다로 몰려갔는데 아무리 살펴봐도 아이는 없었다.

어머니는 바다를 바라보며 한탄했다.

"아이고, 일곱 살이 다 되도록 걷지도 기지도 못해서 애간장을 태우더니 어디로 사라져신고, 설운 아기야, 목숨만 붙어 있어도 좋으난 빨리 나오라."

아무리 기다려도 아이가 나타나지 않으니 식구들은 지쳐서 집으로 돌아갔다. 그렇게 밤도 이레 낮도 이레 열나흘이 지났는데, 홀연히 아이가 바다 위로 모습을 드러냈다. 아이의 한 손에는 유리잔과 잔대가, 다른 손에는 무쇠 갓과 무쇠 바랑이 들려 있었다.

문씨 아이는 집으로 가는 대신 명오부인께로 갔다. 그러고는 명오부인의 시중을 드는 당하니(당에서 신의 심부름을 하는 아이)가 되었다.

명오부인을 모시고 있는 온평리 본향 진동산당에는 명오부인 위패와 함께 문씨 영감 위패도 함께 모시고 있다. 이 당에는 문씨 아이가 바다에서 가지고 나왔다고 하는 무쇠 갓과 바랑이 아직도 남아 있다.

섬 밖에서 세 여신이 들어온다는 모티프는 탐라국 건국 신화와 유사하다. 탐라국을 세운 삼신인이 땅속에서 솟아났고, 함에 담겨 파도에 실려 온 벽랑국의 세 공주와 혼인하여 각각 자리를 잡았다. 온평리 바닷가에는 세 공주의 도착을 기념하는 비석이 세워져 있다.

벽랑국 세 공주는 말과 소, 오곡의 씨앗 등을 가지고 들어와 농경 시대를 열었지만, 혼인 이후에 그 역할이 실종되고 '고씨, 양씨, 부씨'의 세 시조신만 부각되고 있다. 하지만 서울 경기 땅에서 솟아나 계수나무 배를 타고 들어온 관세전부인, 정중부인, 명오부인 세 자매는 제주의 대표적인 여신으로 자리를 잡았다.

관세전부인을 모신 김녕 지역의 사장빌레 큰당은 아직도 본향당으로 잘 유지되고 있고, 조천의 정중부인을 모신 당은 현재 남아 있지 않지만 신화 속 다른 신들의 서사에 곧잘 등장한다. 신산리의 명오부인은 성산 지역의 신앙권을 형성하고 있는데, 성산포 앞에 있는 섬 우도에도 명오부인을 모신 당이 있을 정도다.

성산으로 들어온 신들은 먼저 명오부인께 찾아가 인사를 드리고 같이 좌정할 수 있는지를 알아보았다. 명오부인께 허락을 받지 못하면 다른 곳을 찾아 떠나야 했으니, 명오부인은 이 지역의 터줏대감 역할을 하는 셈이다.

수산진성에 묻힌 소녀의 울음

무속에서는 한이 깊은 원혼일수록 강한 힘을 발휘한다고 여긴다. 그래서일까. 제주에는 비참하게 죽은 원혼을 신으로 섬기는 당들이 있다. 성산읍 수산리의 수산진성에도 가슴 아픈 죽음이 있었으니, 비극의 사연은 신화로 남아 우리의 발걸음을 숙연하게 만든다.

조선 세종 때 왜구들의 노략질을 막기 위해 수산 진성을 쌓게 되었는데, 마을 주민들은 일꾼으로 동원되고 공출도 바쳐야 했다. 그런데 한 여인만은 아무것도 내지 못했다. 남편도 없이 딸아이와 단둘이 사는데 공출은커녕 먹을 것도 변변히 없었기 때문이다.

하루는 공출 관리들이 들이닥쳐서 무엇이든 내놓으라고 닦달했다.

"아이고, 먹을 것이 바닥나서 내놓을 거라곤 열세 살 난 딸아이뿐이우다."

여인이 통곡하니 공출 관리들도 별도리가 없어 그냥 돌아갔다.

그날 이후로 성담이 아무 이유 없이 자꾸만 무너져 내렸다. 일이 진

척되지 않아 애를 태우는데 지나던 스님이 혀를 차며 말했다.

"어찌하여 주겠다는 아이를 가져다가 제물로 바치지 않는 것이오? 열세 살 잔나비(원숭이)띠 아이를 바치고 성을 쌓으면 더 이상 무너지지 않으리다."

그제야 공출 관리가 바칠 거라곤 열세 살 난 딸아이뿐이라고 했던 여인의 말을 떠올렸다. 관리들은 여인의 집으로 가서 딸아이를 데려왔다. 그러고는 아이를 살아 있는 채로 성담 안에 놓고 담을 쌓았다. 그러자 더 이상 성담이 무너지지 않았다.

그렇게 일이 잘 마무리되었나 싶었는데, 어느 날부턴가 진성에서 아이 우는 소리가 들리기 시작했다. 날이 가도 울음소리가 그치지 아니하니 마을 분위기가 흉흉해졌다. 사람들은 진성을 쌓을 때 제물로 바쳐진 아이의 원혼이 우는 거라면서 수군거렸다.

사람들이 원혼을 달래야 한다고 뜻을 모았고, 관아에 요청하여 진성 옆에 신당을 만들 수 있도록 허락을 얻어냈다. 이 당은 진성 안에 있는 여신을 모신다고 하여 진안할망당이라고 불렀다.

제주도는 예로부터 왜구들의 노략질로 많은 고통을 당했다. 특히 제주도 동부 해안에 왜구들이 자주 침입하여 살인과 방화, 약탈을 일삼았다. 이에 조정에서는 1439년(세종 21)에 한승순을 안무사로 임명하고 왜구들을 방어하기 위해 성을 쌓도록 했다. 진안할망당 본풀이는 수산진성을 쌓을 때 있었던 비극의 서사이다.

열세 살 소녀를 산 채로 묻었다는 이야기를 처음 들었을 때 가슴이 서늘했다. 아이의 어머니가 말을 잘못 내뱉어서 희생 제물이 되었다고 하지만, 그야말로 '빽도 없고 돈도 없는' 가련한 처지여서 제물로 지목당한 것이 아니겠는가. 그러니까 본풀이는 가련한 소녀를 제물로 삼은 것에 대한 변명이자 참회록인 셈이다.

현재 수산진성에 남아 있는 성벽은 학교 담장이 되었다. 그리고 진안할망당은 수산초등학교 뒤쪽 진성 터에 자리하고 있다. 그래서 학교 운동장을 통과해 진안할망당에 갈 수 있다.

수산초등학교 운동장에 들어서면 진성의 담장을 배경으로 고목들이 우뚝우뚝 서 있다. 팽나무, 소나무, 굴거리나무, 담팔수, 동백나무 들이 펼치는 장관에 자꾸만 발길이 늦어진다.

마을에서 당으로 들어갈 수 있도록 당올레도 따로 조성되어 있다. 학교 운동장을 통과해 진안할망당에 들어서고 나갈 때, 이 당올레를 이용하는 것도 좋다. 오솔길을 빠져나가는 동안 어지러운 상념까지 내려놓을 수 있어서이다.

진안할망당은 입시와 취직 등에 효험이 있어 사람들이 많이 찾는다고 한다. 그런데 제를 지낼 때 남자들만 다닌다는 기록이 있어 뜨악했다. 제물로 바쳐진 열세 살 소녀의 넋을 기리는 당에 왜 남자들만 다닌다는 거지? 소녀의 죽음만큼이나 마음을 불편하게 만드는 대목이다.

시흥리 본향당의 고운 옷감에 묻어 온 신령

제주섬 바깥에서 들어온 신 중에는 제주 사람이 육지에 나갔다가 돌아올 때 따라오거나 어떤 물건에 묻어 들어오기도 한다. 특히 색깔이 있는 옷에 신령이 붙어 온다고 한다.

송갑사가 갓양태를 진상하기 위해 서울에 다녀오는데, 포목전에 옷감이 싸게 나와 있었다. 송갑사는 헐값에 옷감을 잔뜩 사서 배에 실었다. 마침내 배가 심똘에 도착하여 송낙코지로 붙이니 딸이 달려 나와 아버지를 맞았다.

"아버님, 무슨 물건 해오셔수과?"

"네가 고운 옷감 좋아하기로, 한 배 가득 싣고 왔져."

딸이 펄쩍 뛰며 말했다.

"아이고, 아버님, 그게 무슨 말입니까? 지금 국상이 났는데 이런 걸 마련하고 온 걸 알면 목이 달아납니다. 어서 땅에 묻으십서."

부녀가 서둘러 옷감을 항아리에 담아 팽나무 아래 묻었다.

얼마 안 있어 갑자기 송갑사가 병이 들어 죽을 지경이 되었다. 그래서 옷감을 꺼내 수의를 만들려고 항아리를 열었더니 푸른 옷감에 푸른 만주에미(작은 뱀), 붉은 옷감에 붉은 만주에미, 검은 옷감에 검은 만주에미가 와시시 기어 나오는 게 아닌가.

송갑사 딸이 줌착 놀라서 까무러쳤는데, 그 길로 그만 병이 나서 죽을 지경이 되었다. 그래서 현씨 심방한테 점을 치러 갔더니 혀를 차며 말했다.

"송갑사 양반이 서울에 다녀올 때 옷감에 붙어 온 신령이 계시니 모시고 정성으로 기도원정 굿을 허십서."

현씨 심방의 지시에 따라 마당에 큰 대 세워 깃을 달아매고 굿을 했다. 초공맞이 제차에 무조신을 맞아들여 축원을 하는데 죽어가던 송갑사 딸이 문득 입을 열었다.

"어느 신주를 위하느냐?"

굿을 하는 심방이 대답했다.

"모르겠습니다."

"내 방에 가서 금동 궤를 열어봐라. 좋은 베와 좋은 무명이 있을 것이니 마흔다섯 자로 신의 다리를 만들어 춤을 추어라. 서른다섯 자 청룡 다리로 놀고, 스물다섯 자 백룡 다리로 놀아라."

무명을 가져다가 신의 다리를 만들어 춤을 추며 굿을 하고 있으니까 아기씨가 파릇파릇 살아났다. 이후 송갑사 따님아기를 신으로 모시게 되었다. 그리하여 물색 좋은 옷을 입으려 하면 이 신께 먼저 바쳐야 한다.

심똘 마을 부씨 처녀가 열여덟 살 때부터 이 당의 매인심방으로 당집을 관리하며 살았다. 부씨 상단골, 현씨 상단골이 가을이 되면 밭벼 한 말, 조 한 말, 콩 한 말 심방한테 가져다주고, 여름에는 보리 한 말, 밀 한 말, 녹두 한 말 가져다줘서 먹고살았다. 단골들이 큰물에 채소 씻으러 왔다가도 심방한테 덜어주고 갔다.

하루는 웃내끼(신풍리) 한주 아들이 종달리에 왔다가 돌아가는 길에 당집의 불이 켜진 걸 보고는 슬그머니 들어가 한두 마디 말을 붙이며 심방한테 수작을 걸었다. 그러다가 수작이 통하지 않자 돌변하여 심방의 뺨을 쥐어박아 귀청이 터지게 했다. 이에 그치지 않고 등과 가슴을 마구 짓밟으니 심방의 숨이 끊어졌다.

한주 아들은 곡식이며 옷이며 명두(무구로 천문이며 상잔)까지 훔쳐 짊어졌다. 그러고는 심방이 불에 타서 죽었다고 믿게끔 머리며 가슴에 횃불로 그슬려놓고 달아났다.

다음날 부씨 상단골이 채소를 씻으러 왔다가 심방한테 덜어주려고 당집으로 갔다.

"심방 어른, 채소 가져다 먹읍서."

한두 번을 불러도 대답이 없어 이상하다 하고 문을 열어보니 심방이 새까맣게 타서 죽어 있었다. 부씨 상단골이 부랴부랴 현씨 상단골에 연락하고 당하니를 불러다가 말했다.

"부디 범인을 잡아 심방 어른의 원수를 갚아라."

그날부터 당하니가 사방을 돌아다니며 원수를 찾는데 오리무중이었다. 아무리 찾아다녀도 지푸라기만 한 단서도 없어 김씨 하신충(심방의 하위직급)한테 문점을 하러 갔다. 그런데 김씨가 내놓는 것을 보니 심방이 쓰던 명두가 아닌가.

"이 명두는 어디서 났느냐?"

"한주 아들한테 샀수다."

"거짓말하지 말라."

"아이고, 한주 아들한테 산 거 맞수다."

이리하여 단골들이 천문이며 상잔을 도로 찾아오고 나서 한주 아들을 잡아들였다. 결국 한주 아들이 죄를 실토하니 귀양을 보내 원수를 갚아주었다.

성산읍 시흥리의 본래 이름은 '심똘'이다. 그래서 시흥본향당에서 모시는 신 이름도 '심똘천신님'이라고 한다. 심똘천신님 외에도 삼신선, 삼백관과 함께 송갑사 따님아기를 신으로 모신다. 송갑사 따님아기는 색깔 고운 옷에 묻어 들어온 신령을 상징하는 신위이다. 그래서 색깔 고운 옷을 입으려고 하면 먼저 이 신께 바친다.

본풀이 말미에 당집에서 일어났던 심방 이야기가 덧붙여져 있다. 심방들은 마을에서 모시는 신의 일을 주관하지만, 대부분의 처지는 열악했던 것으로 보인다. 특히 여자 심방인 경우 혼자 살고 있으면 앞에 나온 살인 사건처럼 폭력 앞에 노출되기도 했으리라.

시흥리에서는 마을 사람들이 나서서 억울하게 죽은 심방의 원한을 갚아주었다. 심방 역시 공동체의 일원으로, 한식구처럼 생각했다는 것을 알 수 있게 하는 일화이다.

잃어버린 소를 찾아주는 신풍리 자운당

신풍리 자운당은 소를 잃어버렸을 때 가서 비는 당으로 '쉐당'(소의당)이라고 한다. 동부 지역에는 자운당 외에도 쉐당이 여럿 있는데, 성읍2리 윤남동산 쉐당, 난산리 골미당, 행원리 장통밧 쉐당이다.

낫기(신풍리) 양사또가 토산의 개로역 한집을 소실로 데려올 때 일이다. 개로역 한집이 가마 속에 앉아 있는데 몹시 목이 말랐다. 속이 바짝바짝 타들어가니 견딜 수 없어 가마 아래로 내려왔다.

마침 길바닥 말발굽 자국에 물이 고여 있는 게 보였다. 개로역 한집은 옆에 떨어져 있는 보릿대를 잘라 물에 대고 빨아먹었다. 그런데 고인 물에 말 털 한 가닥 떠다니다 개로역 한집의 콧구멍을 찔렀다. 그러자 말고기 구워 먹은 듯 속이 베지근했다.

양사또가 몸소 나가서 개로역 한집을 맞이하는데 누린내가 훅하니 코를 찔렀다.

"어찌하여 부인에게서 누린내가 나는 것이오?"

"여차저차해서 말 털이 콧구멍을 찌르니 먹은 듯 씬 듯 누린내가 나는 것입니다."

개로역 한집의 말을 듣고 양사또가 버럭 화를 내었다.

"하는 짓이 구차하니 큰 부인 노릇 못 하겠소. 물이 그리 좋거든 내창 물이나 많이 먹으면서 사시오."

양사또가 개로역 한집을 냇가에 버려두고 가버렸다. 그리하여 마을 사람들은 냇가에 자운당을 설립하고 개로역 한집을 모셨다. 개로역 한집은 가는 사람 오는 사람한테 인정을 받으면서 지낸다.

《한라일보》 마을 탐방 기사(2021년 8월 10일자 한진오의 글)에 의하면 신풍리는 천미천 자락의 평원에 자리 잡은 마을로 유림의 고장이라고 한다. '관창대'라는 정자는 신풍리, 삼달리, 난산리 유림들이 한데 모여 시문을 짓고 세상사를 공론했다던 곳이다.

관창대에 오르면 바로 앞에 제법 큰 규모의 하천이 보인다. 제주에서 가장 긴 천미천이다. 천미천은 한라산에서 발원하여 성읍리 동쪽으로 해서 신풍리를 지난다. 이 천미천을 경계로 성산읍 신풍리와 표선면 하천리로 나뉘기도 한다. 자운당은 관창대에서 오른쪽으로 삼백 미터 정도 떨어진 천미천 냇가에 자리 잡고 있다.

제주 동부 지역에는 소의 산간 방목이 대대적으로 이루어졌는데, 소를 치는 테우리들은 소를 잃어버렸거나 소가 병이 들었을 때 이 쉐당에 와서 기도를 올렸다. 하지만 이제 테우리들도 사라지고 없으니 당을 찾는 발길도 자연히 끊긴 셈이다.

천미천 앞에 자리한 관창대 정자.

유교 선비들이 시문을 읊고 세상사를 논했다는 신풍리 관창대에 찾아가 보았다. 관창대에 올라 천미천 냇가를 바라보는데, 난데없이 음마, 음마, 소 우는 소리가 들렸다. 여러 마리가 한꺼번에 울어대는 것으로 보아 건너편 어딘가에 규모가 큰 목장이 있는 것 같았다.

처음에 신화를 접했을 때, 신풍리가 유림의 고장이어서 무속 신인 개로역 한집을 마을 안에 모시기 힘들었을 것이라 생각했다. 그래서 냇가로 밀려날 수밖에 없었을 것이라고 말이다. 그런데 막상 현장에 나와 보니 자운당은 소 테우리들이 소를 돌보면서 쉽게 접근할 수 있는 곳이었다. 냇가 옆 높다랗게 형성된 암반 위에 둥그런 당마당이 조성되었으니 쉬어가기도 딱 좋은 자리다.

역시나 이렇게 걸음하면 깨닫는 바가 다르다는 걸 느꼈다. 그곳에 가보지 않고 머릿속 생각에 의지해 이러쿵저러쿵하는 것은 관창대에 앉아 세상사를 논했다던 선비들과 다를 바 없다. 소 테우리들에게 있어서 그들이 논했다는 세상사는 뜬구름 잡기와 다를 바 없었으리라.

가슴 아픈 사연을 품은 신천리 본향당 현씨일월

무속 일을 하는 심방은 '신의 형방' 즉, '신의 심부름꾼'이라는 의미를 담고 있다. 심방은 보통 집안 대대로 물려받는 세습무와 신병을 앓아 내림굿을 받고 심방이 되는 강신무가 있다. 심방의 집안에 태어났으며 동시에 신병을 앓는 경우도 있다. 신천리 본향당의 현씨일월은 양반가에 태어나 심방 일과는 거리가 멀었으나 어려서부터 신병을 앓으면서 무업의 길에 들어섰다.

현씨 아기씨는 태어나면서부터 몸이 약했다. 세 살 되던 해부터 죽었다 살았다 하며 간신히 목숨줄 이어가더니, 일곱 살이 되면서 몸이 조금 나아졌다. 그런데 열다섯 살에 또다시 큰 병을 앓아 사경을 헤맸다. 딸을 돌봐주던 어머니가 세상을 떠나니 식구라곤 오라비 하나뿐이었다.

오라비는 누이를 잃을까 걱정하여 근처에 이름난 심방을 찾아가 점을 쳐 보았다. 심방은 누이가 큰심방이 되어야 목숨을 유지할 수 있을 것이라 했다. 그러니까 현씨 아기씨는 무병을 앓고 있었다.

양반 가문에서 심방이 난다는 것은 꺼림칙한 일이라 한참 망설이던 오라비는 하나뿐인 누이동생을 살리기로 했다.

"심방이 될 팔자라면 받아들이기로 하자."

현씨 아기씨는 큰심방을 좇아다니며 굿을 배웠다. 나중에 배울 만큼 배웠다고 생각한 아기씨는 직접 굿을 하러 다니고 싶었다. 하지만 무복은커녕 무구도 없었다. 그래서 단골집에서 굿을 해달라는 요청이 들어왔는데도 해볼 도리가 없어 신세를 한탄하며 비새같이 울었다.

누이가 우는 걸 본 오라비가 연유를 물었다.

"설운 누이야, 무슨 일로 눈물을 흘리느냐?"

"오라버니, 단골집에서 굿을 해달라고 허는디, 나한텐 무구도 없고 무복도 없수다."

"걱정하지 말라. 내일이면 내가 진상선을 타고 서울에 갈 것이다. 네가 굿을 할 수 있게 무복이며 무구를 사다 주마."

오라버니는 이튿날 진상선에 몸을 싣고서 하천리 포구를 떠났다. 아기씨는 바다가 내려다보이는 연대에 올라 진상선을 바라보며 오라비가 무사히 다녀오기를 기도했다.

그런데 갑자기 잔잔했던 바다에 갑자기 모진 광풍이 일더니 진상선이 물마루를 넘기 전에 전복되고 말았다. 오라비가 진상선과 함께 바닷속으로 사라지자 아기씨는 하늘이 무너지는 것 같았다.

'불쌍하고 가련하신 우리 오라버니가 나 때문에 죽어가는구나! 나 혼자 살아서 뭘 하나. 나도 오라비 따라 저승길로 가야겠다.'

아기씨는 울면서 연대 아래로 몸을 던졌다. 바닥에 거꾸로 떨어진 아기씨는 목이 꺾이며 바로 숨이 끊어졌다. 마을 사람들은 현씨 아기씨가 떨어져 죽은 그 자리에 무덤을 만들어 주었다.

그런데 어느 날부터인가 마을에 이상한 일이 벌어졌다. 밤낮으로 무덤에서 요령 소리가 울려 퍼진 것이다. 마을 사람들은 억울하고 불쌍하게 죽어 간 현씨 처녀의 조화라고 수군거렸다.

그러더니 현씨 일가의 한 어린아이가 시름시름 앓으면서 목숨이 위태로운 지경에 이르렀다. 이런저런 약을 써봤으나 효력이 없어 심방을 찾아가 점을 쳤다.

"한이 서린 현씨 처녀의 영혼 때문이니 굿을 해야 합니다."

심방을 모셔다가 정성으로 굿을 하며 현씨 아기씨의 한을 풀어주니 사경을 헤매던 어린아이의 병이 씻은 듯이 나았다.

그 후로 마을에서는 현씨 아기씨가 떨어져 죽은 연대 아래 신당을 만들고 마을 본향으로 모시기 시작했다. 마을에서는 현씨일월을 위하여 음력 9월 8일, 18일, 28일을 대제일로 정하고, 이 중 어느 하루를 택하여 제를 올린다.

'일월'은 조상을 가리키는 말이니, 현씨일월은 현씨 일가의 조상신이란 의미이다. 그러면서 마을 전체의 일을 관장하는 본향신이 되었다. 현씨일월은 가까스로 심방이 될 수 있었지만, 무구와 무복을 사 오겠다던 오라비가 죽게 되자 자책과 슬픔을 이기지 못하고 스스로 목숨을 끊었다.

현씨일월처럼 심방이 되고자 하는 소녀가 있었다. 조상본풀이에 등장하는 양씨아미이다. '아미'는 혼인을 하지 않은 소녀에게 붙는 호칭이다. 양씨아미는 어여쁜 외모에 노래 잘하고 춤 잘 추어 요즘으로 치면 아이돌 가수로 성공할 수 있는 재능을 타고났다. 거기다가 사람들의 앞일을 척척 맞추기까지 했다.

양씨아미는 심방이 되고 싶어 했으나 큰오라비가 양반 가문에 굿을 할 수 없다면서 누이를 방에 가두고 물 한 모금 먹지 못하게 했다. 게다가 큰오라비는 개장국을 먹게 하면 신병을 고칠 수 있다는 말을 듣고 억지로 먹이려 했다. 하지만 누이가 말을 듣지 않자 온몸에 개장국을 끼얹어 버린다. 이에 양씨아미는 물동이처럼 웅크린 채 굳어져 숨이 끊어지고 말았다. 현씨일월과 양씨아미는 심방이 되고자 했으나 뜻을 이루지 못하고 비극적으로 삶을 마감한 비극의 여신들이다.

현씨일월이 떨어져 죽었다는 신천리 천미연대 바로 옆에 현씨일월당이 있다. 사진 자료에 의하면 당 울타리 왼쪽에 있는 후박나무 신목에 한복 치마를 입혀놓고, 오른쪽 녹나무에는 지전물색을 화려하게 걸어놓았다. 하지만 근래에는 이 지역에 제2공항을 건설한다는 정부 방침 때문에 마을 사람들이 찬반으로 엇갈려 대립하면서 분위기가 어수선한 모양이다. 그래서 신목에 가느다란 지전물색만 간신히 걸려 있는 형편이다.

신이 되어 돌아온 문씨 아기씨

표선면 가시리는 가시오름, 따라비오름, 큰사슴이오름 등 열세 개의 오름으로 둘러싸인 마을이다. 드넓은 초원지대에는 그 옛날 조정에 진상했다는 제주 말들이 한가로이 풀을 뜯고 있고, 굽이굽이 이어지는 오름 너머 한라산 골짜기에 그림자가 깊게 내려앉는다. 그 골짜기 속으로 홀연히 사라진 소녀가 있었으니 가시마을 문씨 아기씨이다.

옛날 문씨 영감이 뒤늦게 딸 하나를 낳고 애지중지 키우고 있었다. 문씨 아기씨 일곱 살이 되던 해 산딸기 따 먹으려고 우그리동산에 올라갔다. 산딸기 붉게 익어 정신없이 따 먹는데, 문득 안개가 피어오르더니 앞으로 감싸고 뒤로 걷히고 하는 게 아닌가. 아기씨는 어디가 어디인지 분간 못하고 헤매었다.

어슥더슥 안개를 휘저으며 나아가는데, 청구름이 두둥실 흘러가는 게 보였다. 아기씨는 청구름을 따라 걸었다. 그렇게 몇 날 며칠 건다 보니 어느덧 한라산 골짜기로 깊숙이 들어서고 말았다. 아기씨는 골짜기를 따라 오르고 또 올라 백록담에 다다랐다.

한라산 백록담 둘레를 빙빙 돌다 보니 산신백관이 모여 앉아 장기를 두고 있었다. 아기씨는 쭈그리고 앉아서 산신백관이 장기 두는 걸 구경했다. 그렇게 구경하느라 아버지도 잊어버리고 어머니도 잊어버렸다.

아기씨는 까마귀를 벗으로 삼아 구름을 타고 놀았다. 바람을 먹고 나무에 오르면서 산다는 것이 어느덧 일곱 해가 되었다. 아기씨 얼굴과 손발은 사람이로되 몸뚱이는 나무처럼 얼기설기했다. 가시덤불에 긁혀 허물이 가득한 위로 이끼도 올라앉았다.

서홍리 허 포수가 족제비 가죽으로 다리를 감싸고 한라산으로 사냥 갔다. 노루 사슴을 찾아다니는데 저만치서 거뭇한 것이 움직거렸다. 허 포수가 짐승인가 해서 화승총을 겨누다 아무래도 이상하여 가만가만 다가갔다. 가까이서 보니 멀뚱멀뚱 서 있는 게 몸뚱이는 나무와 매한가진데, 눈은 분명히 사람 눈이었다.

허 포수가 두 눈을 부릅뜨고 호통을 쳤다.

"귀신이거든 저승길에 들어서고, 사람이거든 정체를 밝혀라."

"나는 가시리 문씨 영감 외딸아기우다."

"문씨 영감의 귀한 딸아이가 어찌하여 깊은 산속에 있는 것이냐?"

"산딸기 따 먹으러 왔다가 짙은 안개에 길을 잃어 한라산으로 들어섰수다. 어머니 아버지도 못 보고 일곱 해가 지났으니 나를 우리 부모님께 데려다줍서."

허 포수가 은장도로 아기씨 몸에 뒤덮인 이끼며 덩굴을 걷어내고 무명천으로 포대기 삼아 둘러업었다. 그러고는 문씨 영감네로 아기씨를 데려갔다.

"어르신 외딸아기 찾아왔수다."

문씨 영감 내외는 딸을 찾아다니느라 마음고생으로 눈이 어두워져 있었다. 그런 까닭에 딸을 알아보지 못했다.

"우리 자식인지 아닌지 모르키여."

아기씨가 부모님께 다가가 여쭈었다.

"어찌하여 어머니 아버지 눈이 어두워졌습니까?"

"딸아이 잃고 밤낮으로 눈물 흘리다 보난 눈이 어두워졌져."

문씨 아기씨가 손으로 어머니 아버지 눈을 삼세번 쓸어내었다. 그러자 두 사람의 눈이 훤하게 밝아졌다.

"아이고, 우리 딸이 분명허다!"

문씨 영감과 부인이 딸아이를 얼싸안고 울음을 쏟아낸 후 허 포수에게 고맙다고 절을 했다. 문씨 영감이 허 포수에게 어떻게 은혜를 보답해 주면 좋을지 물었다. 허 포수는 돈을 주겠다고 해도 싫다 하고, 먹을 것을 주겠다고 해도 싫다고 했다.

"그러면 무엇으로 공을 갚으리오?"

"이 애기씨 죽어가민 군졸로 얻어먹으쿠다."

허 포수는 문씨 아기씨가 예사로운 사람이 아닌 걸 알고, 후에 신으로 단골들에게 제를 받을 때 하위신인 군졸로 같이 대접을 받겠다고 한 것이다.

이렇게 산에서 일곱 해를 살다 내려온 문씨 아기씨는 눈을 뜨면 이승 일을 알고 눈을 감으면 저승 일을 알았다. 이런 소문이 퍼져나가니 사람들은 무슨 일이 있으면 아기씨한테 와서 묻고 갔다.

하루는 정의고을 원님이 관아에서 도장을 보관하는 인궤를 잃어 버렸다. 원님은 사람을 풀어 곳곳을 뒤졌으나 찾지 못했다.

"문씨 아기씨를 가마에 태워 모셔 오라. 문점을 쳐 보리라."

문씨 아기씨를 모셔 와 인궤의 행방을 묻자 아기씨가 이리저리 짚어보고는 대답했다.

"영주산 오름 앞으로 해서 어디 어디를 가면 숨겨져 있을 것이오."

문씨 아기씨가 일러주는 곳에 가보니 정말 인궤가 숨겨져 있었다. 원님이 고마워하면서 아기씨한테 재물을 챙겨주었으나 받지 않았다. 그런데 연주청에 오물떡(가운데를 오목하게 눌러 만든 메밀떡)을 만들어다 주니까 맛있게 받아먹었다.

아기씨가 떡을 맛있게 먹고 나서, 옆에 있는 사람한테 오늘이 무슨 날이냐고 물었다.

"정축일입니다."

"이후로 정축일에 나에게 오물떡을 바치도록 하라. 그리하면 소망하는 일이 이루어질 것이다."

한편 인궤를 숨겼던 통인은 사실이 밝혀지면 목숨이 위태로우리라 생각하고 밤 깊은 시각에 아기씨를 찾아와 살려달라고 애원했다. 아기씨는 통인을 불쌍하게 여기고 살 방도를 일러주었다.

"오늘 밤 저기 청산면 방뒷개(성산읍 신양리 포구)에 가보면 난데없는 배 하나가 떠 있을 것이다. 그 배를 타고 육지로 가면 살 수 있으리라."

통인이 문씨 아기씨가 일러준 대로 바닷가로 가보니 과연 배 하나가 떠 있었다. 통인이 배에 올라타자 순풍에 돛 단 듯 배가 앞으로 내달아 무사히 도망갈 수 있었다.

통인은 연 삼 년 육지에서 살다가 아기씨 은혜를 갚으려고 열두 폭 홑단치마에 토시며 두루마기를 장만하고 찾아왔다. 그런데 아기씨는 이미 죽어버렸고, 아기씨가 살았던 곳에는 커다란 암석이 있었다. 그래서 통인이 암석 아래 구덩이를 파서 저고리 치마를 묻어놓고 음식을 차려 제사를 올렸다.

그날 이후 이곳은 문씨 할망을 모시는 신당이 되었다. 이곳에 가서 빌 때는 정축일에 오물떡과 생선을 장만하고 간다. 제사를 정성으로 올리면 문씨 할망이 물비리 당비리 피부병이며 눈이 아픈 데도 다 걷어주고 몸 편안하게 해주었다.

영웅 서사의 모티프는 어린 시절 세상으로 나아가 고난을 겪고 난 후 공을 세워 돌아오는 과정으로 이루어진다. 문씨 아기씨 신화 역시 이와 다르지 않다. 일곱 살에 한라산으로 들어간 후 칠 년 동안 고통의 시간을 보내면서 세상 이치를 꿰뚫어 보는 눈을 길렀다. 마을로 돌아온 아기씨는 사람들에게 도움을 주다가 죽어 신으로 좌정했다.

문씨 아기씨가 한라산에서 보낸 칠 년은 영웅으로 거듭나는 시간이다. 자연과 어우러져 살다 보니 나무처럼 몸에 이끼가 다 났다. 이른바 물아일체, 자연과 하나가 되는 경지에 이르렀다는 것이다. 그리하여 이승과 저승의 일을 꿰뚫어 보게 되었으니 영웅 서사로 부족함이 없다.

가시리는 전통 신앙이 잘 전승되고 있는 마을이다. 마을 사람들이 해마다 가시리 본향 구석물당에서 신께 세배를 올리는 신년과세제를 열고 있다. 구석물당과 함께 가시리 소꼽지당과 승지물 돗당 모두 계곡에 자리 잡고 있는데, 물이 귀한 지역에서 물을 공급받을 수 있는 곳을 중심으로 마을을 형성한 것과 관련 있다.

문씨 아기씨를 모시는 당남우영할망당은 개인들이 따로 다녔던 곳으로 종기와 피부병을 다스린다. 아기씨가 한라산에서 가시덤불에 긁혀 이끼가 날 정도로 허물이 가득했다는 것은 이러한 권능을 예비하는 화소이다.

당남우영할망당은 이제 더 이상 찾는 사람이 없어 자연스럽게 없어진 당이 되었다. 그래도 흥미진진한 신화 한 편 남아 있으니, 이야기를 씨실 삼고, 발걸음을 날실 삼아 한라산 자락 가시마을로 여행을 떠나볼 일이다.

다산과 치병의 여신, 토산 웃당 신중부인

전문적인 의료인의 치료 혜택을 받기 어려웠던 시절, 심방은 종교 활동뿐만 아니라 치병신의 능력을 빌려 병을 다스리는 의사 역할을 겸했다. 그래서 심방을 무의(巫醫)라고 했다. 토산 웃당 본풀이에 등장하는 신중부인은 용궁에서 여러 가루 주머니를 가지고 왔다. 약 가루를 상징하는 주술 주머니다.

백주또와 소천국의 셋째 아들이 한 살 적에 어머님 젖가슴 만진 죄, 두 살 적에 아버님 삼각수염 뽑은 죄, 세 살 적 할아버지 담뱃대 밟은 죄, 네 살 적에 할머니 말에 거스른 죄, 다섯 살에 동생과 싸운 죄, 여섯 살에 일가친척에 불효한 죄, 일곱 살에 동네 어른께 불효한 죄를 지어 쫓겨나게 되었다. 백주또와 소천국은 아들을 무쇠설캅에 들여앉혀 삼백일흔여덟 자물쇠 채우고 바다에 띄워버렸다.

무쇠설캅이 물 아래로 공글공글, 물 위로도 공글공글 연 삼 년을 떠다니다 용왕황제국 산호수 가지에 걸렸다. 한밤중 마당의 강아지가 내리꿍꿍 짖어 가고 짖어 오니 용왕이 큰딸에게 나가보라고 했다.

마당에 나갔다 온 큰딸이 말했다.

"별도 송송 달도 송송, 물결 소리 사랑사랑하니 강아지가 그걸 듣고 짖는 것입니다."

"그래도 이상하다. 셋딸아기(둘째 딸) 나가봐라. 뭣 때문에 강아지가 그치지 않고 짖는 것이냐?"

둘째 딸이 나가보고 와서 아뢰었다.

"물결 소리 사랑사랑, 담 구멍도 바롱바롱하니 심란해서 짖고 있는 것입니다."

"여태껏 짖는 것이 아무래도 이상하다. 셋째 딸 신중아기 나가봐라."

셋째 딸이 나가보고 와서 설명했다.

"산호수 밑가지에 무쇠설캅이 걸어졌는데 상자 안에서 글소리가 그치지 아니하니 강아지가 짖고 있는 것입니다."

신중아기는 산호수 가지에 올라 아래에 있는 가지를 삼세번 흔들었다. 그러자 설캅이 살랑 아래로 내려왔다.

상자 안에는 옥 같은 선비가 서책을 한 아름 들고 앉아 있었다. 선비는 삼천 장 벼룻돌에 먹을 갈아 마흔여덟 상단골에 상별문서, 서른여덟 중단골에 중별문서, 스물여덟 하단골에 하별문서를 쓱쓱 휘갈겨 써 내려갔다.

선비가 붕어 눈을 부릅뜨고 삼각수염 거슬러 올리는 걸 보고 용왕이 물었다.

"귀신이오, 생인이오?"

"귀신이 아니라 저는 백주또 소천국의 셋째 아들로 부모 조상 일가친척에 불효한 죄로 용왕황제국으로 귀양을 온 바람운입니다."

그 말 끝에 용왕이 기뻐하며 셋째 딸 신중아기의 배필로 삼았다.

용왕은 명을 내려 상다리가 부러지게 잔칫상을 차리도록 했다. 상을 신혼 방에 들여놓았으나 바람운이 젓가락도 들지 않았다.

신중아기는 낭군이 자신과 정도 나누지 않으니 속이 상하여 어머님 아버님 앞으로 달려가 하소연했다.

"나이 찬 형님들 놓아두고 나를 시집보냈으나 낭군이 무슨 연유인지 상도 받지 않고 손목도 잡지 않습니다. 연 삼 일 넘어도 장인 장모께 인사드리는 법도 없으니 어찌하여 저리 콧대 높은 사위를 두셨습니까?"

셋째 딸의 눈물에 용왕이 화가 나서 바람운을 불러다 놓고 다그쳤다.

"내 자식이 행실이 나쁘냐? 아니면 인물이 부족하냐? 어찌하여 연 삼 일이 지나도록 딸자식과 정을 나누지 않는 것이냐? 또한 잔칫상을 차려가도 왜 본체만체하느냐?"

"대국의 상차림이 소국의 음식만 못해서 그렇습니다."

"상차림이 부실하단 말이냐? 그러면 그간 무엇을 먹고 살았느냐?"

"첫째 잔은 청감주, 둘째 잔은 진청주, 셋째 잔은 소주를 받습니다. 소를 잡아도 한 마리 몽땅 먹고, 닭을 잡아도 통째 먹습니다. 흰쌀밥에 쌀로 빚은 돌래떡이며 시루떡을 받습니다. 안으로 열시왕, 밖으로 삼시왕 천지천왕 모셔두고 밤에는 징을 치고 낮에는 북이며 장구치고 춤을 곁들여 큰굿 작은굿으로 대접받습니다."

"오, 그러냐? 내 사위 하나 대접 못하리오."

용왕이 기세 좋게 나서 큰굿 작은굿 연 삼 년을 열면서 사위에게 대접하니 동쪽 창고도 비어가고 서쪽 창고도 비어갔다. 이에 용왕은 근심이 가득하여 신중아기를 불러 일렀다.

"이 모든 일이 너로 인하여 얻은 근심이다. 그러니 네 서방 데리고 당장 용궁을 떠나거라."

신중부인이 부모님께 하소연했다.

"저는 용궁에서 곱게 자라 맷돌도 방아도 만져보지 못했습니다. 제가 제주에 가면 뭣을 해서 먹고삽니까?"

어머니 아버지가 딸에게 청주머니 백주머니를 쥐여주며 말했다. 주머니를 벌리면 왼쪽 눈에 청가루, 오른쪽 눈에 흑가루가 나와 눈에 뽀얀 안개가 낄 것이니 잘 대접을 해주면 걷어주면서 먹고 살아라.

형님들도 아우에게 열두 부스럼을 낫게 하는 주머니를 주었다.

용왕이 신중아기와 사위에게 패도선을 내어주었다. 부부가 배를 둘러 타고 앞으로 나아갔다. 한 물결 건너가면 산혈이 갈라지고 두 물결 건너가면 물혈이 갈라지더니 어느덧 제주섬에 도착했다.

말캐미 포구에 배를 대고 어머님 아버님 계신 알송당에 들어갔다. 그때 하녀 느진덕정하님이 부부를 발견하고 백주또에게 달려갔다.

"상전님아, 물질하러 가보난 죽으라고 내버린 아드님이 살아 돌아왔습니다."

"누가 밥을 주고 누가 옷을 줘서 살아 돌아온단 말이냐? 그럴 리가 없다. 어서 동문이며 서문이며 남문을 걸어 잠가라."

어머니 아버지가 야단을 치며 성문을 닫아 걸려 하니 바람운이 용왕 황제한테서 받은 주머니코를 슬며시 열었다. 그러자 어머니 아버지 눈에 콩깍지가 들어간 듯 아프고 눈물이 쏟아졌다.

"아이고, 아파서 앞을 볼 수 없구나. 내 아들이 맞거들랑 눈에 든 콩깍지를 걷어주라."

바람운이 주머니 입을 묶어놓고 눈에 든 것을 걷어주었다. 그러고 나서 부모님께 문안 인사를 올렸다.

"아버님 어머님, 그간 잘 지내셨습니까?"

어머니 아버지가 아들에게 물었다.

"너는 어디 가서 어찌 살다 돌아왔느냐?"

"용왕 황제국에 들어가서 셋째 따님 신중아기씨와 부부가 되어 돌아왔습니다."

"그러면 네 각시를 데려오너라."

이리하여 신중부인도 시아버지 시어머니께 현신 문안을 드릴 수 있었다.

그 후 얼마 안 있어 신중부인이 아기 일곱을 잉태하니 어머니 아버지가 한라영산에 올라 큰 사슴 작은 사슴, 큰 돼지 작은 돼지 잡아다 석 달 열흘 잔치를 열어주면서 일렀다.

"내 아들은 어릴 적에 내보낸 아이라 우리와 같이 살 수 없다. 토산 서당팟(어린아이를 돌보는 서당이 있는 밭)에 좌정해서 만민단골의 정성을 받으며 살라."

부부가 어머님 아버님께 하직 인사 드리고 문밖에 나서는데, 신중부인이 남편에게 말했다.

"저는 한라영산 구경하고 들어가오리다."

신중부인이 남편을 먼저 보내고 한라영산 올라서 해구무니, 달구

무니, 오백장군, 영실기암, 백록담을 구경하고 큰장오리 작은장오리, 태역장오리, 물장오리 오름을 오르면서 세상 구경하고 다니는데, 칠년 가뭄 든 듯 물이 바짝 말라 속이 타들어 갔다.

신중부인이 몹시 목이 말라 두리번거리다가 돼지 발자국에 고인 물을 발견했다. 신중부인은 보릿대를 빨대 삼아 물을 빨아 먹는데 돼지털이 콧구멍을 찔렀다. 그래서 돼지털을 불에 그슬려 냄새를 맡았는데, 먹은 듯 만 듯 동경내(돼지고기 냄새)가 났다.

바람운이 상단골 중단골 하단골이 정성으로 마련한 상을 받고 있는데 바람결에 동경내가 실려 왔다. 웬 동경내인가 하고 고개를 돌려보니 신중부인이 막 들어서던 참이었다.

"부인이 오는데 어찌하여 부정한 냄새가 나는고?"

"목이 말라 돼지 발자국에 고인 물을 보릿대로 빨아먹다 돼지털이 코를 찌르니 불로 그슬려 냄새를 맡아 그렇습니다."

"부인이 어찌 그리 미천한 처신을 한단 말이오? 같이 살기 어려우니 나무도 물도 없는 외딴섬 마라도로 귀양정배나 가시오."

바람운이 부인을 마라도로 귀양정배 보내두고 저 산 아래 사는 아기씨를 첩으로 맞아들였다.

새로금상이 전처를 마라도로 귀양정배 보냈다는 얘기를 듣고 펄쩍 뛰었다.

"전처 구박은 율법으로 다스리는 것입니다. 여자라 하는 것은 열 번 죽을 일도 하고 살 일도 하는 법입니다. 그만한 일에 형님을 귀양 보냈으니 나도 가오리다."

새로금상이 하도 야단하여 바람운은 석 달 열흘 백일 되면 귀양 풀어주겠다고 다짐했다. 그러나 약조한 날이 지나가도 귀양을 풀어 주지 아니하니 새로금상이 말을 했다.

"낭군님아, 어찌하여 귀양정배 풀었다는 소식이 없는 것입니까?"

"알겠다. 당장 삼만관속 잡히라. 내가 가서 풀려올 것이니."

"아닙니다. 낭군님이 가면 분란만 일으킬 것이니 내가 가서 직접 모셔 오겠습니다."

새로금상이 기저귀 일곱에 걸레 일곱 챙겨 들고 패도선을 둘러 타 마라도 서쪽 곶으로 갔다. 배에서 내려보니 신중부인이 아기 일곱 거느리고 바닷가에 서 있었다.

"설운 형님, 귀양 풀러 왔습니다."

"너는 누구냐?"

"새로 온 소실 금상이옵니다."

신중부인이 발칵 화를 내었다.

"그만한 일로 귀양정배를 보냈으니 내 여기 말뚝을 박을 것이다."

금상이 신중부인께 사정했다.

"형님, 그러지 말고 내 인정을 봐서 같이 갑시다."

금상이 하도 사정하자 신중부인도 화를 풀었다.

"아우 하는 짓이 기특하구나. 그러면 같이 가보자."

두 부인이 일곱 아기 거느리고 패도선을 둘러 탔다.

"설운 형님, 아기 낳고 석 달 열흘 백일을 귀양 살려 하니 고기를 먹고 싶은 건 당연합니다. 밤에는 신불, 낮에는 연불 초롱초롱하니, 바닷가에 보말(고동)이나 잡아먹으면서 토산 서당팟으로 오십서. 나는 먼저 아기들을 업고 산길로 가오리다."

신중부인은 아기를 맡겨놓고 번내 하강물(화순리 남쪽 물)로, 난드르 조순다리(대평리 돌다리)로, 열리 당캐(중문 하예리)로, 중문 베린포(중문리 포구)로, 월평 동오물로, 강정 세베로, 법환리 막숙(법판리 포구)으로, 서귀포 수전개(서귀리)로, 보목리 선앙 앞으로, 쇠돈(신효리) 소금막으로, 뙤미(위미리) 상곶으로, 폴개(태흥리) 검은코지로 돌아 서당팟으로 들어섰다.

새로금상은 아기들을 업고 토산으로 향했다. 산방산 뒤 바람잔밭에 들어서 보니 삼동이 까맣게 익어 있었다. 그래서 아기들을 내려놓고 삼동을 따 먹는데, 어느덧 해가 서산으로 넘어갔다.

걸추리라는 선비가 지나가다 새로금상을 보고 인물이 좋다고 수작했다. 새로금상이 속이 뒤집혀 아기들을 말 위에 올려놓고 바람같이 도망갔다.

토산 서당팟에 가보니 형님이 먼저 와 있었다.

"형님, 애기들 받으십서."

아기들을 말에서 내려 헤아려보니 여섯뿐이었다.

"아기 하나를 의붓아방 주었느냐, 의붓어멍 주었느냐?"

"아이고 형님, 내가 사람 마음으로 그럴 리가 있겠습니까? 걱정 말고 기다리시면 후딱 가서 찾아오리다."

새로금상이 남자 옷으로 갈아입고 말에 올라 산방산 아래에 가보니 아기가 띠밭에 떨어져서 흙먼지 뒤집어쓰고 있었다.

"아이고, 아기야. 여기 있었구나. 어서 나랑 어머니한테 가보자."

새로금상이 아기를 말에 태워 토산으로 돌아가서 신중부인께 건넸다.

그런데 아이가 막무가내로 울기만 했다. 어머니가 짝짜꿍짝짜꿍 떡을 주어도 울음을 아니 그치고, 작은어머니가 잼잼 하면서 떡을 주어도 아니 그치었다. 아기를 양팔로 안아 올려 보니 물비리 갱비리 너벅지시 온갖 허물이 나 있었다. 신중부인이 주머니를 열어 허물을 걷어주니 그제야 아기가 울기를 멈추었다.

이후 신중부인과 새로금상은 서당팟에 좌정하여 초이레 스무이레 만민단골에 정성을 받으면서 살았다. 아픈 아기 물비리 갱비리 온갖 허물 걷어주고 이질에 아픈 배도 낫게 해주는 한집님이다.

토산 웃당 신화는 바다로 진출하는 송당 소천국의 다른 아들들과 비슷한 모티프를 가지고 있다. 송당의 아들들은 용궁에 가서 용왕의 셋째 딸과 혼인하고 데려온다. 하지만 공주의 서사나 신격은 대부분 전해지지 않는다. 송당 아들들의 영웅 서사를 드러내는 것이 주된 목적이기 때문이다. 그러나 토산 웃당 신화는 서사의 중심이 소천국 아들에서 용궁의 셋째 딸로 옮겨가고 있다.

신중부인은 아이들의 온갖 허물과 이질 등 배앓이를 고쳐주는 일뤠당(이렛당) 여신이 되었다. 아이가 아프거나 부스럼이 나면 일뤠할망을 찾아가 빌었고 효험을 얻었던 것이 치병신 신앙이다. 아이와 관련한 당들은 보통 7일, 17일, 27일에 가기 때문에 일뤠당이라고 한다. 의료 혜택을 받을 수 없던 시절 일뤠할망은 마을의 주치의 역할을 했다.

신화 속에 띠밭에 떨어뜨린 아이 하나를 찾아와 보니 '물비리 갱비리 너벅지시 온갖 허물'이 나 있었다는 대목이 있다. 그래서 신중

신중아기 신화를 전승하고 있는 마을 토산1리 삼거리.

부인이 주머니를 열어 온갖 허물을 걷어주었다. 아무 데나 뒹굴며 커 가는 우리네 아이들이 허물을 뒤집어쓴 모습을 보여주면서, 이를 치유해 주는 신중부인의 권능을 드러내는 것이다.

토산웃당은 소천국 백주또의 아들인 바람운과 신중부인, 그리고 신중부인의 귀양을 풀어 함께 돌아온 첩신, 이렇게 세 신위를 모시고 있다. 당굿을 할 때는 신중부인과 첩신이 아기를 건강하게 키워주는 치병신이기 때문에 '아기놀림' 놀이굿을 한다.

문무병의 『본향당 신앙과 본풀이』에 '아기놀림' 의례 장면이 소개되어 있다. 당의 본을 풀던 심방은 잃은 아기를 찾는 대목에서부터 신화의 내용을 극화한다. 먼저 아기를 찾아다니는 춤을 추다 찾은 아기 대용으로 인형을 등에 업고 짝짜꿍, 죄암질로 어르면서 신칼을 들고 방아를 찧는다. 그 외에도 아기를 목욕시키는 시늉, 자장가를 부르며 재우는 시늉, 이를 잡아주는 시늉 등으로 좌중을 웃긴다. 마지막에는 인형을 눕힌 채롱을 들고 다니면서 인정을 받고 나서 제상에 올리면 마무리된다.

여인들의 신, 토산 알당 방울아기씨

제주 여인들의 순결을 지켜주는 신이 있다. 전남 나주에서 바다를 건너온 뱀신 방울아기씨이다. 방울아기씨는 남성 권력의 횡포와 폭력에 온몸을 유린당하고, 깊이 서린 한을 방울방울 풀어헤치며 순결의 여신으로 거듭났다. 방울아기씨를 모시는 당은 여드렛날 제를 올리기 때문에 여드렛당이라고 한다.

옛날 나주 고을에 목사가 부임만 하면, 그날 바로 죽음을 맞이했다. 사정이 이러하니 아무도 나주 고을에 벼슬 살러 가지 않으려 했다. 급기야 조정에서는 나주 고을 목사로 부임할 사람을 찾는다는 방을 써 붙였다.

이때 강단이 세고 배포 두둑한 양씨가 자청하고 나섰다.

"제가 나주 목사로 석 달 열흘 백일을 채우겠습니다."

양씨는 별문제 없이 나주 고을 목사로 임명되었다. 그래서 많은 관속과 육방 하인을 거느리고 와라차차 기세 좋게 나주로 향했다.

양 목사 일행이 금성산 앞을 지나갈 때 통인이 앞을 막아서며 말했다.

"나리, 말에서 내리십시오. 이 산에는 영험한 토지관이 좌정하고 있습니다."

"무슨 소리냐? 마을을 지키는 토지관은 나 하나면 족하다."

양 목사가 통인을 물리치고 길을 재촉했으나 말이 발을 절며 더 나가지 못했다. 양 목사가 기세가 꺾이기는커녕 더욱 호통을 치며 말에서 내려 금성산으로 달려갔다.

금성산에 오르니 안개 자욱한 가운데 청기와집이 한 채 보였다. 양 목사는 대문을 열어젖히고 마당으로 들어섰다. 마루에는 월궁 선녀같이 아름다운 아기씨가 반달 같은 용 얼레빗으로 쉰댓 자 머리를 슬슬 빗어 넘기고 있었다.

모두 넋이 나갔으나 양 목사는 눈을 부라리며 소리쳤다.

"너는 사람이냐, 귀신이냐? 어서 써 네 정체를 드러내지 못할까!"

그러자 아름다운 아기씨가 순식간에 위 아가리는 하늘에 붙고 아래 아가리는 땅에 붙은 큰 뱀 '천구아구대멩이'로 변했다. 무시무시한 광경에 사람들이 비명을 지르며 물러서는데 양 목사가 앞으로 나서며 호령했다.

"여봐라, 장검을 가져오너라!"

양 목사가 칼을 휘둘러 단번에 뱀의 머리를 날려버렸다. 그러고는 청기와 집에 불을 질렀다. 삽시간에 청기와 집은 한 줌의 재로 변하니, 머리 잘린 뱀은 앉을 데도 설 데도 없는 신세가 되었다. 천구아구대멩이가 금 바둑돌과 옥 바둑돌로 변하여 날아오르더니 서울 종로 네거리에 떨어졌다.

이때, 제주의 강씨 형방과 오씨 형방, 한씨 형방이 미역과 전복 등을 진상하러 서울에 올라오고 있었다. 세 사람은 종로 네거리를 다니다가 바둑돌을 주웠다. 반짝반짝 빛나는 바둑돌을 보고 귀한 보물을 주웠다며 보자기 안에 간직했다.

강씨 형방, 오씨 형방, 한씨 형방은 가져온 진상품을 대궐로 가져가 바치는데 트집 하나 잡히지 않았다. 그들은 바둑돌의 도움이 있다는 걸 알지 못하고 전에 없이 수월하게 잘 넘어간다고 좋아했다.

세 사람은 진상을 끝내고 제주도로 돌아가게 되었다. 배에 오르기 전에 보자기를 정리하다 바둑돌이 있는 것을 보았다. 막상 다시 보니 별로 대단한 것 같지 않아 그냥 길바닥에 던져버렸다. 그러고는 배를 띄우는데 이상하게도 바람이 막혔는지 배가 움직이지 않았다.

세 사람은 근처에 이름난 점집을 찾아갔다. 점쟁이가 이것저것 짚어보더니 고개를 끄덕이면서 말했다.

"강씨 형방님, 보자기를 풀어보십시오. 난데없는 보물이 있을 것입니다. 그 보물을 뱃머리에 모셔놓고 굿을 하면 명주 바다에 실바람이 시르르르 불어올 것입니다."

강씨 형방이 부랴부랴 봇짐을 내려 풀어보니 길가에 던져버린 바둑돌이 곱게 들어앉아 있는 게 아닌가!

세 사람은 그 바둑돌을 뱃머리에 모셔놓고 제물을 차려 굿을 했다. 그러자 정말 명주 바다에 실바람이 시르르르 불어오면서 물길을 열어주었다.

세 사람은 배를 타고 제주도 열운이(성산읍 온평리)로 들어왔다. 포구에 배를 붙이자 바둑돌은 꽃같이 어여쁜 아기씨로 변신하고는 스르르 뭍으로 올라섰다.

방울아기씨는 우선 온평리 본향당신 명호부인에게 인사를 드렸다.

"문안드리옵니다. 제가 이곳에 좌정해도 되겠습니까?"

명호부인이 얼음장같이 차갑게 아기씨를 내쳤다.

"이 마을의 토지관은 나다. 땅도 내 땅이요, 물도 내 물이다. 자손도 내 자손이니 어서 다른 곳으로 가거라."

"그러면 어딜 가야 임자 없는 마을이 있겠습니까?"

"토산 메뚜기모루가 비었다. 거기로 가보거라."

방울아기씨는 명오부인께 작별 인사를 드리고 열운이를 떠나서 곰배물로, 삼달리로, 하천리로 나아갔다.

하천리 당신 개로육서또가 탈상봉에 앉아 바둑을 두다가 월궁 선녀같이 아름다운 아기씨를 보았다. 개로육서또는 두던 바둑을 던져두고 벌떡 일어나 내달았다.

"사나이 대장부가 아름다운 여인을 보고 어찌 모른 척할 수 있겠는가?"

개로육서또는 순식간에 달려들어 은결 같은 방울아기씨 손목을 덥석 잡았다. 방울아기씨가 화를 발칵 내며 개로육서또를 밀쳐냈다.

"얼굴은 점잖은 양반인데 행실이 괘씸하구나! 더러운 놈 잡았던 손목을 그냥 둘 수 없다!"

방울아기씨가 장도칼을 꺼내어 손목을 싹싹 깎아내고 천으로 칭칭 감았다. 매서운 기세에 놀란 개로육서또가 꽁무니 내빼면서 달아나버렸다.

아기씨가 토산 땅 메뚜리모루에 올라가 사방을 둘러보니 이만하면 자손들에게 대접받으면서 살 만했다. 자리를 잡은 방울아기씨는 먼저 용왕 황제국에 인사를 드리러 갔다.

그런데 용왕이 아기씨를 보자마자 얼굴을 찌푸렸다.

"어찌하여 네 몸에서 날피 냄새가 나느냐?"

"용왕국 황제님이시여, 하천리 개로육서또가 언약도 없이 손목을 잡기에 은장도로 깎아버렸습니다."

말을 들은 용왕국 황제가 혀를 차며 방울아기씨를 나무랐다.

"한심하구나. 개로육서또 말을 들었으면 두둑하게 복을 받고, 재물운 붙은 자식 하나 얻을 것을. 너는 굴러오는 복을 차버렸다."

아기씨는 뜻밖에 꾸중을 들으니 분하여 뒤도 안 돌아보고 용왕국에서 나왔다.

하루는 하녀 느진덕정하님을 데리고 바닷가 용천수에 빨래를 하러 갔다. 아기씨는 빨래하느라 여념이 없는데 느진덕정하님이 문득 왜놈들의 배를 발견했다.

"아기씨, 저기 보십서. 검은여코지로 왜놈 배가 들어왐수다."

느진덕정하님이 다급하게 소리쳤건만, 방울아기씨는 대단한 일로 생각하지 않고 빨래하는 데만 정신을 쏟았다. 때마침 돌풍이 불어 왜놈의 배가 산산조각이 나고 말았다. 그러자 배에 탔던 왜놈들이 헤엄쳐 뭍으로 올라왔다.

"아기씨 상전님아. 도둑놈들이 올라왐수다. 어서 달아나십서!"

그제야 방울아기씨도 왜놈들을 알아보고 빨래를 거두어 달아나기 시작했다.

"상전님아, 저고리 고름이 풀어졈수다!"

"저고리 고름 묶을 새가 어디 있느냐? 어서 달리기나 해라."

"상전님아, 치마 고름도 풀어졈수다!"

"치마 고름이 풀어지고 허리 고름이 풀어지고 내 몸이나 감추어 보자. 볼기가 나온들 밑이 나오며, 밑이 나온들 볼기가 나오겠느냐? 어서 뛰기나 해라."

둘은 숨을 헐떡이며 뛰어 묵은각단밧에 이르렀다.

"상전님아, 머리로 꿩이 날아감수다."

"꿩이 날건 치(雉)가 날건 내 알 바 아니다."

왜놈들이 뒤를 바짝 쫓아왔다. 이제 붙잡히는 건 시간문제였다. 아기씨는 다급한 김에 꿩이 숨었던 덤불 속에 머리라도 숨겨보자고 엎드렸다. 그러자 어느새 쫓아온 왜놈이 뒤로 달려들어 은결 같은 아기씨 팔목을 부여잡고 연적 같은 젖가슴을 휘어잡았다.

왜놈들에게 몸을 더럽혔다고 생각한 방울아기씨와 느진덕정하님은 구름 산의 얼음같이 이 세상을 버렸다. 이를 알게 된 토산의 자손들은 예물동산에 쌍으로 묘를 만들어 아기씨와 느진덕정하님을 묻어주었다. 그리고 방울아기씨를 토산의 신으로 모시기 시작했다.

아기씨는 순결한 처녀들을 지켜주는 토산 당신이 되었다. 사람들은 이 토산 당신을 '토산서편한집' 혹은 '방울할망'이라 부른다.

방울아기씨가 토산 당신이 되었으나 자손들 누구 하나 대접하는 이가 없었다. 화가 난 방울아기씨가 바람을 일으켜 왜놈들의 배를 난파시켰다.

뭍으로 올라온 왜구들이 노략질을 일삼으니 토산의 처녀 오씨 아미가 왜구에게 강간당해 죽게 되었다. 오씨 아미의 원령이 강씨 아미, 한씨 아미에게 빙의(憑依, 떠도는 영혼이 다른 사람 몸에 붙는 것)하여 실성하게 만들었다. 강씨 아미는 보리방아를 찧다가 갑자기 머리를 풀어헤치고 돌아다녔다. 한씨 아미도 실성하여 일가친척은 물론이요, 부모형제도 몰아보았다.

두 집안에서는 야단이 났다. 딸이 정신을 못 차리고 미친 듯이 사방을 헤매고 다니자 심방을 찾아가 점을 쳤다. 그러자 심방은 '신이 의탁한 것이니 큰 굿을 해야 된다.'고 말했다. 급히 택일을 하여 큰 굿을 하는데 초감제가 넘어가니 정신을 잃었던 강씨 아미가 와들랑 일어나며 물었다.

"아버님아, 어머님아, 지금 누구를 위한 굿을 하고 있수과?"

"너를 살리려는 굿이여."

한씨 아미도 멀쩡한 얼굴로 심방을 향해 물었다.

"신이성방아, 누구 살리려는 굿을 하고 있느냐?"

"억울하게 죽은 아기씨 상전님 살리려는 굿이우다."

심방은 백지에다 뱀 대가리와 몸뚱이를 그려놓고 굿을 하며 '방울풂'놀이를 했다. 방울은 왜적들로부터 겁탈당해 가슴에 한이 맺힌 아기씨의 응어리이다. 심방은 명주를 일곱 매듭으로 묶었다. 그러고는 매듭을 아기씨의 몸에 댔다가 풀고 댔다가 풀기를 거듭했다.

"마흔여덟 상방울도 풀어내자!"

"서른여덟 중방울도 풀어내자!"

"스물여덟 하방울도 풀어내자!"

그렇게 매듭(방울)을 다 풀어내자 아기씨들의 정신이 돌아오기 시작했다. 심방은 소와 닭을 잡아 제물로 올리고, 깊은 산에 올라가 나무를 베어다가 배를 하나 지어놓았다. 배에 버섯, 유자, 고사리, 전복 등을 가득 실어 바다에 띄우자 명주 바다에 실바람이 시르르 일더니 두둥실 배를 실어갔다. 그제야 강씨 아미와 한씨 아미의 병이 씻은 듯이 나았다.

토산 여드렛당 본풀이 속에 '천미포 왜란'이라는 역사적 사건이 등장한다. "왜구들이 천미포로 들어와 약탈을 자행했고, 주민들의 피해가 컸다."고 한다. 하지만 이 기록만으로는 구체적으로 어떤 피해를 입었는지, 그리고 주민들의 고통은 어떠했는지 알 수 없다. 그 일을 당한 토산 사람들의 고통은 기록되지 않은 역사, 토산 여드렛당 본풀이를 통해서 생생하게 느낄 수 있다.

신화 속에서 방울아기씨는 개로육서또에게 손목을 잡히고 분개하여 장도칼로 팔목을 싹싹 깎아버린다. 상상만 해도 끔찍한 이 장면은 장도칼로 손목을 깎을 만큼 치욕의 심정이라는 것, 그리고 더 이상의 능욕을 용납하지 않겠다는 여인의 결기를 드러낸 것이다.

하지만 꽃다운 처녀들이 왜구들에게 겁탈당해 죽음을 맞이했다. 살아남은 사람들도 죽음 못지않은 고통이 이어졌으리라. 산 사람들이 계속 삶을 이어가기 위해서는 죽은 사람의 원혼을 풀어주고, 그렇게 함으로써 자신들의 고통도 같이 위로하고 풀어주어야 한다. 그래서 죽은 사람을 위해 굿을 하는 것은 곧 산 사람을 위해서 굿을 하는 것이기도 하다.

억울하게 죽은 여인들의 한을 풀고 상처를 치유하기 위하여 토산 당신 놀림굿을 했다. 심방이 본풀이를 말하고 '방울풂'을 하여 민중의 아픈 응어리를 풀어주는 연희를 펼치는 것이다. 심방은 긴 광목천 매듭으로 방울을 만들어 환자의 아픈 곳에 대고 당기며 풀어나간다. 이 방울이 다 풀렸을 때 환자의 병도 낫는다.

토산의 뱀신은 처녀의 순결을 지켜주는 신으로 어머니에서 딸로 이어져 내려왔다. 이 신을 잘 모시면 집안에 부를 가져다주고 딸아기를 지켜주지만, 잘 모시지 않으면 뱀이 똬리를 틀고 '방울'로 맺혀 병이 생긴다고 한다. 그래서 딸들은 시집갈 때 이 신을 모시고 가서 따로 당을 마련하고 모셨다. 여드렛당이 서귀포 전역으로 퍼지게 된 이유이다.

잠수와 어부들을 차지한 바람의 여신 세명주

중국의 창조의 신 반고는 태초의 혼돈 속에서 탄생하여 천지를 개벽시켰다. 무수한 세월이 흐른 뒤 반고가 쓰러지며 죽은 몸 하나하나가 바람과 구름이 되고, 해와 달이 되고, 산이 되고, 강이 되는 등 이 세상 만물을 이루었다. 거인이 세상 만물을 창조하고 역사 저편으로 퇴장한 뒤, 다양한 권능을 지닌 여러 신들이 등장하여 새로운 시대를 열었다. 그런데 지금도 표선의 당캐 바닷가에는 거신이 좌정하고 있다. 바로 바람의 신 세명주할망이다.

옛날 하로영산에서 솟아난 세명주할망이 어찌나 키가 큰지, 다리 하나는 성산일출봉에 걸치고 다른 다리는 한라산 꼭대기에 걸쳐놓아 빨래를 했다.

사람들이 세명주할망한테 육지로 다리를 놓아달라 간청을 하니, 대신 속옷 하나 만들어주면 다리를 놓아주겠다고 했다. 그런데 워낙에 몸집이 큰 탓에 명주 아흔아홉 통을 모았으나 한 통이 모자라 속

옷을 만들지 못했다. 그래서 세명주할망이 다리를 놓다 말았으니 제주는 영영 물로 막힌 섬이 되어버렸다.

세명주할망한테는 아들이 일곱 있었는데, 그중에 여섯 형제는 한라산 오백 장군 오백 선생이 데려가고, 막내아들은 죽을 쑤다가 죽솥에 빠져 죽었다. 할망이 작은아들을 안고 슬퍼하면서, '너는 죽어서도 애가 타고 목이 탈 것이니 소섬(우도)을 차지하고 단골들에게 인정을 받으면서 살라.'고 했다.

세명주할망은 표선 당캐 바닷가에 좌정하여 가는 배, 오는 배, 일만 어부, 일만 잠수를 차지한 본향신이 되었다.

하루는 나주목사가 섬을 둘러보다가 표선 당캐에 신당이 있는 걸 보고 물었다.

"이건 뭐하는 당이냐?"

이 마을 고씨 하르방이 대답했다.

"영급 좋고 수덕 좋은 세명주할망당입니다."

"세명주할망이 영급 좋다 하니 저기 저 배를 이리로 끌어오게 해봐라."

이에 고씨 영감이 세명주할망한테 부탁했다.

"할마님, 부디 영급을 보여줍서."

고씨 영감의 말이 끝나기도 전에 샛바람이 막 터지더니, 배가 자르르 해안으로 밀려 들어왔다. 이에 나주목사가 고개를 끄덕이면서 세명주할망의 영험함을 인정했다.

세명주할망 신화는 설문대할망 전설과 유사하다.

표선 당캐 해변에 위치하고 있는 세명주할망당.

"설문대할망은 키가 얼마나 컸는지 한라산을 베개 삼아 누우면 다리는 제주시 앞바다에 있는 관탈섬에 걸쳐졌다. 한라산도 설문대할망이 만들었는데, 흙을 나를 때 치마의 터진 구멍으로 흙이 새어 떨어진 것이 360여 개의 오름이다. 설문대할망이 사람들에게 속옷 한 벌만 만들어주면 육지까지 다리를 놓아주겠다고 했다. 속옷 한 벌 만드는 데 명주 백 통이 필요한데 아흔아홉 통밖에 모으지 못했다. 그러자 할망은 다리를 놓다 중단하고 말았다. 이때 다리를 놓던 흔적이 조천 앞바다 엉장매 코지이다.”

이렇게 세명주할망 신화는 설문대할망 전설과 겹치는 화소를 가지고 있다. 그런데 세명주할망 이야기는 신화라 하는데, 설문대할망 이야기는 전설로 구분한다. 왜 그럴까? 그것은 설문대할망을 신으로 모시는 신앙민이 없었기 때문이다. 반면 세명주할망은 표선의 해녀와 어부들이 섬기는 바람신이다. 표선리 당캐 세명주할망당을 찾아가 보면 평소에도 신앙민들이 가져다놓은 제물들이 제단에 가득 놓여 있다.

표선리에 있는 ‘당캐’는 당이 있는 포구라는 뜻이다. 표선 당캐 ‘세명주할망당’은 일만 잠수, 일만 어부를 차지하고 있는 해신당이다. 해녀와 어부들은 매달 초하루와 보름, 그리고 배가 바다로 나가거나 물질을 나갈 때 당에 와서 해상 안전을 기원한다. 세명주할망은 다른 거인들처럼 역사의 저편으로 사라진 게 아니라, 바람의 신이자 해상 안전을 관장하는 생업 수호신으로 거듭 난 것이다.

04 마을을 세운 한라산의 신

한라산 서쪽 어깨 '소못뒌밧'에서 아홉 형제가 솟아났다. 장남은 성산읍 수산리 울뤠모루하로산이고, 차남은 애월읍 수산리 제석천왕하로산이다. 삼남은 남원읍 하례리 산신백관또하로산, 사남은 서귀포 호근리 여드레 산신백관또하로산이고, 오남은 중문리 중문이백관하로산이다. 육남은 색달리 당동산 백관또하로산이고 칠남은 중문면 상·하예리 당올레 열뤼백관또하로산이다. 팔남은 안덕면 감산리 통천동의 고나무상태자하로산이고, 구남은 대정읍 일과리 제석천왕하로산이다. 이들 형제들은 한라산에서 내려와 제각기 살 곳을 마련하고 자손을 번창시키며 마을을 이루었다.

신을 모욕한 허좌수의 몰락, 남원 예촌 신화

제주의 뱀 신앙은 토산의 여드렛당 신앙과 고산의 차귀당 신앙, 그리고 집안의 부를 이루어주는 칠성 신앙이다. 그런데 본디 뱀신이 아니면서도 위기의 순간에 뱀의 모습으로 정체를 드러내기도 한다. 신은 인간처럼 형상이 고정되어 있지 않으니, 모습을 드러낼 때 선택하는 단골 메뉴 중 하나가 뱀인 셈이다.

> 예촌본향 삼형제는 할로영산서 솟아난 백관님, 강남천자국에서 솟아난 도원수, 칠오름에서 솟아난 도병서이다.
>
> 허좌수가 벼슬살이할 때의 일이다. 하루는 말을 타고 예촌본향 앞을 지나는데 마침 당굿이 벌어지고 있었다. 허좌수가 그냥 지나가려 하자 말이 발을 절면서 쓰러져 죽어버렸다.
>
> 놀란 허좌수가 심방을 불러다 어찌 된 연유인가를 따져 물었다.
>
> "이 당의 영기가 센데 말에서 내리지 않으니 신이 노해서 그리 되었습니다."

허좌수는 발칵 화를 내었다.

"말고기 못 먹은 귀신이로다. 당장 이 말을 잡아 굿을 하라."

허좌수의 명대로 말을 잡아 굿을 하고 있으니까 큰 뱀이 움직움직 기어나왔다. 허좌수가 겁을 내기는커녕 칼을 빼들고 달려들었다. 그러자 뱀이 청비둘기로 몸을 바꾸고는 칠오름으로 달아났다.

이후 허좌수가 정의골에서 좌수 벼슬을 살게 되었다. 하루는 한밤중에 하인이 와서 목사가 순력을 오고 있으니 먼저 나가서 기다려야 할 게 아니냐고 했다. 하인의 말에 허좌수가 홀연히 일어나 문드젱잇도(상효와 하례 경계 지경)에 달려갔다. 마침 하농궤(호근리 쪽의 지명)에서 목사 일행이 행차하는 소리가 났다. 허좌수가 그곳으로 달려가 엎드렸다.

그때 갑자기 벼락 내리치듯 호통 치는 이가 있었다.

"네가 허좌수냐? 나는 김녕본향 궤네깃도다."

"나는 광정본향신이다!"

"나는 예촌본향신이다! 당장 저놈을 하옥하여 처벌하라."

신들의 고함과 함께 천둥소리가 번쩍번쩍, 우르릉 쾅쾅 하면서 사위를 흔들었다. 허좌수가 부들부들 떨다가 정신을 잃고 말았다.

다음날 호근리 사람 하나가 길을 가다가 쓰러져 있는 허좌수를 보았다.

"어르신, 정신 차리십서. 이게 어찌 된 일이우꽈?"

그제야 허좌수가 정신을 차리고 주변을 둘러보니 사방이 허허벌판이었다. 허좌수는 기다시피 하며 간신히 집으로 돌아왔다.

그때부터 허좌수가 하는 일마다 액운이 낀 듯 그르치기 일쑤였다.

집안이 차차 기울더니 허좌수는 결국에 재산도 다 날리고 궁핍하게 살다가 죽었다.

어느 날 허좌수의 며느리가 아기를 데리고 밭에 검질(잡초)을 매러 갔다. 구덕(대바구니)에 눕힌 아이를 밭고랑에 놓아두고 일을 하는데 한낮이 지나도록 아이가 울지 않았다. 아무래도 이상해서 달려가 보니 큰 뱀이 목으로 들어가는 바람에 아이가 숨이 막혀 죽어 있었다. 이렇게 하여 허좌수 집안의 대가 끊어졌다. 심방이 당굿을 할 때는 우김 센 허좌수를 위해서도 상을 차려 놓고 같이 위하고 있다.

남원 예촌 신화는 허좌수를 응징하는 서사이다. 신을 모욕했을 때 어떠한 재앙이 뒤따르는지 제대로 보여주고 있는데, 그 내용이 섬뜩하다. 집안을 망하게 하는 건 물론이고, 자손까지 죽여 대가 끊어지도록 하면서 아예 끝장을 보고 있다. 그러면서도 당굿을 할 때는 대까지 끊어진 허좌수를 위해서 상을 차려준다. 제주 사람들의 심성을 느끼게 하는 대목이다.

예촌본향은 남원읍 하례리에 있는 본향당으로, 한라산 서쪽 어깨 소못뒌밭에서 솟아난 아홉 형제 중 셋째인 산신백관또 하로산이 좌정하고 있다. 이 당은 규모가 매우 큰 당에 속하며 찾아가는 길이 몹시 가팔라 쉽게 접근을 허락하지 않는다. 한라산 중턱 걸시오름 산기슭을 거쳐 효돈천까지 내려가야 한다.

그런데 일단 당에 이르면, 다른 세상에 들어선 듯 분위기가 깊고 그윽하며 안온한 느낌마저 든다. 백록담에서 발원한 물이 깊은 협곡을 이루며 흘러가는 효돈천 기슭에 위치하고 있는데, 거대한 바

효돈천에 자리 잡은 예촌본향 큰당.(사진: 김일령)

위 셋이 병풍처럼 우뚝 서서 속세와 경계를 이루고 있다. 이 커다란 세 개의 바위들이 바로 산신들의 신체이다.

보목리 조노깃당의 산신 바람웃도

당본풀이는 마을에 좌정한 신의 내력담이자 설촌 역사이다. 그래서 본풀이의 서사를 따라가다 보면 그 시절 우리네 조상들의 삶이 보이기도 한다. 조노깃당 본풀이에서도 보목마을 조상들의 인생 역정을 만날 수 있다.

보목리의 조노기한집 바람웃도는 한라산 백록담에서 솟아날 적에 한 아름 가득 서책이며, 한 뼘 가득 붓이며, 일천 장의 벼룻돌을 가져 나왔다. 바람웃도는 상단골에 상별문서, 중단골에 중별문서, 하단골에 하별문서, 호적과 장적을 차지했다.

바람웃도가 소털 벙거지에 운문비단 옷을 받쳐 입고 신중부인과 함께 백록담에서 내려와 제완지흘(상효리)에 좌정했더니 사방이 침침하니 어두웠다. 다시 나침반으로 짚어서 칠오름 상봉에 올랐는데 그곳에 청기와 차일이 쳐져 있었다. 바람웃도는 부인을 토평리 허씨과부댁에 가 있으라 하고 청기와 차일이 세워져 있는 곳으로 갔다. 그곳에는 산신백관 삼형제가 장기를 두고 있었다.

한 어른은 한라영산 백관님이고, 또 한 어른은 강남천자국서 솟아난 도원님, 또 한 어른은 칠오름서 솟아난 도병서였다. 서로 통성명을 하고 나이를 따져보니 바람웃도가 제일 위였으나 산신백관 삼형제는 바둑을 두어 이긴 사람을 형님으로 모시는 것이 어떠냐고 했다.

이에 네 어른이 장기를 두는데 바람웃도가 이길 듯했다. 그러자 산신백관 삼형제는 서로 훈수를 두며 바람웃도를 이겨버렸다. 바람웃도는 장기에 졌음을 인정하고 산신백관 삼형제에게 먼저 좌정할 곳을 차지하라고 양보했다.

산신백관 삼형제는 자신들이 형이니 위쪽을 차지하겠다고 하여 배야기뒌밧(남원읍 하례리의 지명)에 좌정했다. 하는 수 없이 바람웃도는 그곳을 떠나 조노기(보목리의 속칭)로 내려왔다.

토평리 허씨 과부댁에 머물던 신중부인이 오줌 마려워 돗통시(돼지우리 겸 변소)에 갔더니 돼지가 큰 베개를 베고 잠을 자고 있었다. 신중부인은 돼지를 보니 고기가 먹고 싶어졌다. 그래서 물명주를 손에 감아쥐고 돼지 항문으로 집어넣어 간을 빼내 먹었다. 그러자 속이 시원하고 좋았다.

바람웃도가 부인을 데리러 토평리 허씨 과부댁에 가보니 부인에게서 동경내(돼지고기 냄새)가 심히 났다.

"어째서 부인에게서 동경내가 나는 것이오?"

"오줌 누러 갔다가 돼지고길 하도 먹고 싶어 물명주 손에 감아 돼지 항문으로 간회를 꺼내 먹었습니다."

부인의 말을 듣고 바람웃도가 크게 화를 내었다.

"추접하여 더 이상 부인과는 같이 좌정할 수 없소. 막동골에 좌정해서 사냥꾼한테 네발 짐승고기나 얻어먹고 사시오."

바람웃도가 부인을 내치고 새금상 따님아기를 첩으로 삼아 신효리 당팟에 좌정했다. 그런데 가까이 민가에서 그을음 내가 나고 개 짖는 소리가 거슬렸다. 그래서 제지기 오름 동편에 당집을 지어 좌정했는데 갑인년에 거지가 다니다가 불을 내버리니 갈 곳이 없어졌다.

바람웃도는 또다시 지남석 나침반을 놓아 조녹이(보목리) 냇가 굴속에 좌정하고 상단골, 중단골, 하단골의 정성을 받았다.

육식 금기를 어겼다가 쫓겨나는 여신들이 곳곳에 많다. 그렇다고 대단하게 금기를 파괴한 것도 아니다. 토산당 본풀이의 용궁아기씨나 월정당 본풀이의 서당할마님은 돼지털 한 가닥을 불에 그슬려 냄새를 맡았다가 동경내가 난다면서 쫓겨났다. 최소한의 욕구 충족도 허용하지 않은 것이다.

이에 반하여 신중부인의 욕구 충족은 무척이나 노골적이다. 물명주를 손에 감아 돼지 항문으로 간을 꺼내 먹었다고 하지 않는가. 민속학자 문무병은 이에 대하여 "임신은 생산 욕구의 발현이며 아이의 산육을 위해 단백질 공급의 욕구다. 또한 생산 욕구와 단백질 공급이라는 단순한 식욕과 생산욕에 머물지 않고 몸속에 들어가 배설의 카타르시스를 이루어내는 생식의 욕구, 성욕으로 확대된다."고 해석했다.

이러한 금기 파괴는 여성에 대한 가부장 사회의 억압이 그만큼 강해졌다는 것을 의미한다. 남편을 쫓아냈던 송당 백주또의 위엄

조록나무 뿌리 아래에 위치한 동굴 속 조노깃당.(사진: 김일령)

은 아득히 멀어졌다. 그러니 자극적인 장면을 통해서 여성들에 대한 거듭된 억압과 이로 인한 욕구 불만을 강변하고 있는 것이다.

신화에서 예촌 본향은 내기 장기에서 이겨 위쪽을 차지하고, 장기에서 진 바람웃도는 아래로 내려가야 했다. 위쪽은 바로 한라산 자락 높은 지대를 말한다. 농지가 적은 서귀 지역에서 한라산 기슭은 그나마 농사를 지을 수 있는 곳이기도 하다. 그러니 예촌본향 신들이 유리한 고지를 선점한 셈이다.

바람웃도는 해안가로 내려와 보목리에 좌정했다. 보목리는 농사 지을 땅이 부족해서 바다에서 물질을 하고 바위틈에 서식하는 자리돔을 잡아 곡식과 바꿔 먹으며 살아왔다고 한다. 그러니까 바둑에서 진 까닭에 자리를 양보하고 바닷가로 내려왔다는 서사는 중산간의 농토를 차지하지 못하고 밀려날 수밖에 없었던 조상들의 처지를 드러내는 것이다. "바람웃도가 나이도 많고, 삼형제가 서로 훈수만 두지 않았어도 장기에 이길 수 있었는데……."라고 안타까워하면서 말이다.

조노깃당은 500년이 넘는 조록나무가 동굴 위에 우거져 있는 당이다. 이 조노깃당에 한라산신 바람웃도인 '조노기한집'이 좌정하고서 보목리 마을을 지켜주고 있다. 보통 신이 좌정하고 있는 당을 '큰집'이라는 의미에서 '한집'이라고 하고, 그곳에 좌정하고 있는 신을 '한집님'이라고 한다.

서귀본향당 바람웃도와 고산국, 지산국 자매

고대인들은 자연 현상을 신격화하고, 자연의 엄청난 위력을 신의 권능으로 받아들였다. 중국 신화에 등장하는 태양신 염제, 벼락신 황제, 바람신 풍백, 비의 신 우사 등이 그 예이다. 제주 신화에도 자연 현상을 신격화한 신이 등장한다. 바람의 신 '바람웃도'이다.

제주 땅 설매국에 상통천문 하달지리하여 위로 하늘의 이치에 막힘이 없고, 아래로 세상일에 통달한 일문관 바람웃도가 솟아났다. 바람웃도는 바다 건너 만 리 밖, 비오나라 비오천리 홍토나라 홍토천리에 사는 고산국이 미색이라는 소문을 들었다. 바람웃도는 한걸음에 달려가서 부부 인연을 맺는다.

그런데 사실을 알고 보니 천하일색 아름다운 여인은 부인이 아니라 부인의 동생인 처제였다. 바람웃도는 처제를 꾀어내어 한밤중에 청구름을 타고 제주영산인 한라산으로 도망갔다. 날이 밝아서야 고산국은 남편이 동생과 함께 달아난 사실을 알았다. 고산국은 분노하여 회오리바람을 일으키며 한라산으로 쫓아갔다.

그렇게 쫓아갔지만 바람웃도가 동생과 사랑에 빠져 이미 부부 연을 맺었다는 사실을 알게 되었다. 분개한 고산국이 뿡개(줄을 매단 돌덩어리)를 빙빙 돌리다가 둘을 향해 던졌다. 그러자 도술에 능한 동생이 안개를 피워 칠흑 같은 밤을 만들었다.

고산국은 안개에 갇혀버렸다. 위기에 처한 고산국은 결국 더 이상 둘의 관계를 상관하지 않을 테니 안개를 거두어 달라고 사정했다. 이에 바람웃도가 나뭇가지를 땅에 박아 닭의 형상을 만들었다. 닭이 홰를 치자 새벽이 밝아오며 안개가 걷히고 말끔해졌다.

고산국은 비로소 한라산에서 빠져나올 수 있었지만 가슴속 억울함을 참을 수 없었다. 그래서 동생에게 이제 우리는 남남이니 '지'가로 성을 바꾸고 제 갈 길을 가라고 선언했다. 이때부터 고산국의 동생은 '지산국'이 되었다. 이렇게 동생과 인연을 끊은 고산국은 남쪽으로 내려와 서홍동에 좌정했다.

바람웃도는 쌀오름 봉우리에 백차일을 치고 앉아 어디에 좌정하면 좋을지 궁리했다. 그때 윗서봉에 사는 김봉태가 사냥을 하러 하잣, 중잣, 상잣을 넘어오다 백차일이 둘러 있으므로(신이 좌정하고 있으므로) 가서 문안 인사를 드렸다. 바람웃도는 김봉태에게 '산 구경 인물 차지' 하러 왔다고 하며 길 안내를 하라고 부탁한다.

김봉태는 바람웃도와 지산국을 서귀 윗동네에 인도했는데 그곳에 마땅한 좌정처가 없었다. 김봉태는 그래서 웃당팟에 신당을 지어 머물게 했다.

바람웃도는 연 석 달을 머물려 했는데 말 탄 인간 지나가고, 동네 개들이 시끄럽게 짖어대니 거슬려서 살 수 없었다. 그래서 웃당팟을 떠나 조용한 먹고흘궤 숲에 좌정했다. 그렇게 석 달을 지냈는데, 이번에는 울창한 숲에 시냇물 소리만 들리는 것이 울적했다.

바람웃도는 서홍동을 차지하고 있는 고산국을 찾아가 원만하게 땅을 갈라 같이 좌정하자고 사정했다. 하지만 고산국은 땅을 가를 수 없다고 냉정하게 거절하면서 뿡개를 날렸다. 뿡개가 날아가 흑담(지명)에 떨어졌다. 고산국은 흑담을 경계로 그 안으로 들어서지 말라고 통보했다. 그렇게 흑담을 경계로 고산국은 서홍동을 차지하고, 지산국은 동홍동(상서귀)에 좌정했다.

바람웃도도 좌정할 곳을 정하기 위하여 화살을 날렸는데 화살이 문섬 '한돌'에 이르렀다. 그리하여 바람웃도는 문섬이 있는 하서귀를 차지하게 되었다.

상서귀 동홍동과 하서귀 사람들은 나무를 베어다 당집을 짓고 심방을 정하여 당을 매게 했다. 정월 초하루 과세문인을 올리고, 2월 15일에 영등손맞이, 7월 13일에 마불림제, 11월 1일에 생신제를 지낸다.

제주의 날씨는 한라산과 관계가 깊다. 한라산에 부딪치는 바람으로 인하여 먹구름이 끼고, 세차게 비가 내리며, 안개가 장막을 친다. 한라산의 이러한 기상 상황을 신격화한 산신이 바로 '바람웃도'이다. 제주어로 'ᄇᆞ름웃도'라고 한다.

'ᄇᆞ름웃도'는 'ᄇᆞ름(바람)'과 위치를 나타내는 '위(쪽)', 그리고 신의 이름에 붙이는 존칭 접미사 '도'가 결합하여 만들어졌다. 그러니까 '바람 위에 좌정한 신'이 되겠다. 서귀본향당의 바람웃도는 휘몰아쳐 부는 바람에 흔히들 '바람을 피우다'라고 하는 애정 행각의 의미가 더해졌다.

서홍동 사람들은 한라산에서 솟아난 토착신 바람웃도가 아니라 그의 소박당한 아내 고산국을 자신들의 신으로 받아들였다. 형부와 인연을 맺은 지산국은 동홍동으로 밀려났고, 바람웃도는 해안가로 바짝 내려와 서귀동에 좌정했다. 서귀동과 서홍동, 동홍동은 지리적으로도 삼각관계를 이루고 있으니 세 마을의 관계가 더욱 흥미롭다.

자매인 고산국과 지산국이 원수지간이 된 것처럼, 이들을 신으로 모신 마을 간에도 대립과 갈등이 가볍지 않았다. 실제 고산국이 좌정하고 있는 서홍동과 지산국이 좌정하고 있는 동홍동은 서로 혼인을 하지 못하고, 당을 맨 심방도 왕래할 수 없었다고 한다. 지역 공동체가 신앙권을 바탕으로 형성되었으니, 지역 간 대립과 갈등이 신화 속에 반영된 것이리라.

도순마을을 꽃 피운 여래화주

도순마을에 전해 오는 신화에 의하면, 이 마을을 세운 신은 '여래화주'이다. 신명으로 봐서 불교 쪽 신이 분명한데, 도순마을이 불교와 어떤 관련이 있는지 그 배경이 무척 궁금했다.

제석천황 승려관음 승려선생 여래화주님은 나주영산 금성산에서 솟아났다. 굴송낙(고깔) 둘러쓰고 장삼자락 휘두르며 한라영산에 유람을 왔다가 오백장군 영실에 다다랐다. 바위 위에 앉아 아래를 내려다보니 만민자손 단골들의 인심이 좋을 듯했다.

아래로 내려와 볼래오름에 이르니 마침 유람 나온 신전이 있었다. 신전님이 화주님께 인사를 올리며 물었다.

"화주님은 어디로 가십니까?"

"자손들이 있는 곳으로 갑니다. 신전님은 어디로 가십니까?"

"저는 산중으로 올라가겠습니다."

화주님이 아래로 내려와 광대코지(도순리의 지명)에 좌정을 했지만 누구 하나 신으로 대접하는 이가 없었다. 기다리고만 있을 수 없어 제산이오름으로 내려갔으나 역시나 아무도 눈에 띄지 않았다.

"어찌하여 아무도 눈에 띄지 않는단 말이냐?"

다시 길을 떠나 정동모들로 내려서 보니 때아닌 전쟁으로 아수라장이었다. 동쪽으로 일천 군사, 서쪽으로 백만 군사가 들이닥쳐 백성들을 몰살시키고 있었다.

"어허, 이대로 놔두면 우리 백성들이 남아나지 않겠구나."

화주님이 한 손으로 천하를 떠받치고 또 한 손으로 지하를 내리누르며 소나기 퍼붓듯 활을 쏘아 군사들을 몰아내었다. 화주님 덕분에 구사일생으로 목숨을 건진 백성들은 감사한 마음을 담아 밥을 짓고 떡을 해서 청감주와 같이 대접했다.

"하원과 도순은 물도 좋고 인심도 좋습니다. 저희 단골들의 정성을 받으십서."

화주님이 백성들에게 일렀다.

"나를 찾아올 때는 소주를 가져오지 말라. 머리 갖춘 바닷고기도 제단 아래로 내려놓아라. 심방을 불러다가 뿌리궁(본향당)을 세우고 풍악을 울려라. 노래를 부르고 화락화락 춤도 추어라."

화주님은 큰당밧으로 좌정하여 도순본향을 세우고 백성들을 보살폈다. 그러다가 천기를 짚어보니 신전님이 올 듯했다. 연사흘을 기다리고 있으니까 과연 신전님이 다가오는데 생피 냄새가 났다.

"신전님은 어찌하여 생피 냄새가 납니까?"

"머리 있는 바닷고기에 소주를 먹으니 냄새가 나는 것입니다."

"그러면 나랑 같이 지내기 어려우니 아래로 내려서십시오."

한라산 자락에 위치한 도순의 법정사 옛터.

신전님은 아래로 내려 강정 큰당밧으로 좌정했다. 그리하여 돌담을 경계로 도순마을과 강정마을로 구분했다.

도순마을의 형성에는 옆 마을 하원동의 법화사와 관련이 있다. 『태종실록』(1406년 태종 6) 기록에 의하면, 하원동 법화사는 노비 280명과 함께 비구와 비구니, 동자승까지 합쳐 400명 이상이 될 정도로 큰 절이었다. 도순마을 쇠태왓에서 발견되는 기왓장은 고려 후기의 것이라고 하는데 법화사에서 쓰였던 것으로 추정한다. 그러니까 도순은 하원동 법화사의 기와를 굽는 가마터 부근에 형성된 마을이라는 얘기다.

또한 도순은 제주도 항일운동의 발상지인 법정사가 있던 마을이다. 1918년 법정사 승려들의 항일투쟁은 조천만세사건, 해녀항일투쟁과 함께 일제강점기 3대 항일투쟁으로 평가받고 있다. 지역주민 400여 명이 합세한 대규모 투쟁으로 진압 과정에서 66명이 투옥되었고, 법정사가 불태워졌다. 이후 축대 등 건물 흔적만 남아 있었는데, 서귀포시에서 법정사 옛터를 성역화했다.

도순마을의 본향당은 거대한 노송이 신체여서 '소낭당'이라고도 불렸다. 그런데 1950년대 후반 미신 타파를 명분으로 개신교도와 경찰이 와서 당을 훼손하고 나무를 잘라 없애버렸다고 한다. 오랜 세월 자리를 지켜온 나무까지 잘라내었다니, 민간 신앙의 소중한 이정표 하나를 잃어버린 듯 가슴 한편이 찌르르해졌다.

색달마을을 연 당동산 백관또

색달리 당동산 백관또 하로산또는 한라영산 서쪽 어깨 소못뒌밭에서 솟아난 아홉 형제 중 여섯째이다. 하로산또는 한라산에서 내려와 슬프게 울고 있는 용궁의 무남독녀 외딸아기를 만나게 되었고, 용궁아기씨를 위해 비바리당을 마련해 주었다. 그리고 나서 자신은 당동산에 좌정하면서 색달마을을 설립했다.

색달리 당동산 백관또 하로산이 한라산에서 내려오다 색달리 웁오름에 올라 사방을 둘러보았다. 문득 저쪽 홀근덕기정 바위에 곱상하게 생긴 아가씨가 앉아서 비새같이 울고 있는 게 보였다.

당동산 백관또가 아가씨한테 다가가 물었다.

"너의 부모님은 누구냐?"

"저는 용왕황제국 무남독녀 외딸아기인데, 행실이 나쁘다고 인간세상으로 귀양을 보내버리니 어디로 갈지 몰라 울고 있습니다."

당동산 백관또가 용궁아기씨를 안쓰럽게 여기고, 전신당(지역 이름)에 비바리당을 마련해 주었다.

"여기 전신당에 좌정하여 가는 배, 오는 배 차지하고 인정을 받으며 살아라. 베릿내 포구를 차지하면 이곳으로 큰 배도 들어오고 작은 배도 들어올 것이다. 큰 배 탄 사람들이 너에게 감주 한 잔 대접하지 않으면 세 번만 배를 난파시켜 버려라. 그러면 네 몫으로 돼지도 한 마리 통으로 올릴 것이요, 지전물색도 마련해서 바칠 것이다."

당동산 백관또가 다시 길을 나섰다. 오름 어깨에 앉아서 아래를 둘러보니 혼자서 외롭게 살고 있는 사람이 보였다.

"너는 어찌하여 혼자서 살고 있는 것이냐?"

"저는 부모가 누구인지, 형제는 있는지 알 수 없어 혼자 이렇게 살고 있습니다."

처지가 딱하니 당동산 백관또가 고개를 끄덕이며 말했다.

"그러면 내가 인간 세상을 만들어 줄 테니 서로 어울려 살도록 해라."

당동산 백관또 하로산은 색달리 당동산으로 올라가 좌정하고 웃오름을 병풍으로 의지하니 앞에 흐르는 황개창물이 세숫물이 되었다. 이때부터 차츰 인간 세상이 만들어졌으니, 색달 사람들은 이곳 황개창물을 길어다 먹었다.

하로산또는 한라산에서 내려와 당동산에 좌정하고 마을을 세웠다. 이러한 서사는 한라산 자락에서 수렵 생활을 하던 사람들이 점차 해안 가까이 내려와 마을을 이룬 배경과 관련이 있을 것이다. 그리고 어부와 해녀를 관장하는 비바리당을 마련한 것은 어로 활동

역시 큰 비중을 차지했기 때문이다. 색달동은 한라산 산악지대에서 바다로 길게 이어지는 지역이다.

용궁아기씨는 해녀와 어부들을 지켜주지만, 잘 모시지 않으면 바람을 일으켜 배를 침몰시키는 풍신이자 재앙신이다. 용궁아기씨가 좌정하고 있는 베릿내 개당의 제물은 돼지 턱뼈다. 돼지 머리의 고기와 껍데기는 모두 벗겨 먹고 뼈만 가져다 바친다. 장례나 혼례 후에도 반드시 돼지 머리를 제물로 올렸다고 한다.

색달동의 옛 이름은 '막은다리' '막은골'이며 한자로 바꾸는 과정에서 '색달'이 되었다. 고려 때부터 사람이 살고 있던 것으로 추정하고 있으며, 제주 신당 자료에는 매인심방 계보가 4대째 명시되고 있어 전통 신앙이 잘 전승되어 온 마을로 보였다.

하지만 길옆에 위치한 색달본향당 울타리 안으로 들어가 보니 마당에는 풀이 무성하고, 여름 장마 탓인지 당집 천정이 무너져 제단을 덮고 있었다. 바야흐로 신화와 신앙민을 중심으로 마을 공동체를 유지하던 시대가 저물어 가고 있음을 실감했다.

중문 불목당 용궁아기씨의 외로운 처지

제주 신화의 주요 배경은 '하늘옥황'과 '한라영산', 그리고 바닷속 '용왕황제국', 바다 건너 '강남천자국'이다. 이중 용왕황제국은 제주의 영웅 신들이 찾아드는 '낯선 세계로의 여행지'이면서, 해신들의 영적 공간이다. 특히 용궁아기씨가 제주에 들어와 신으로 좌정하는 서사는 제주 신화의 중요한 모티프가 되고 있다.

중문이 하로산또가 진궁부인과 부부 연을 맺은 후 딸아이가 태어났다. 딸아이는 천하일색으로 얼굴이 고왔으나 행실이 궂어서 부모 속을 썩였다. 한 살에 아버지 수염을 매고, 두 살에 어머니 젖가슴을 때리고, 세 살에 널어둔 곡식을 흩어버리더니, 자라면서는 동네 어른들께 버릇없이 굴어 불목하게 만들었다.

부모가 더 이상 두고 볼 수 없어 일곱 살 된 딸을 무쇠상자에 들여놓고 마흔여덟 통쇠로 꼭꼭 잠그고는 중문 바닷가 싱거물에 띄워버렸다. 무쇠상자가 물 아래로 삼 년, 물 위로 삼 년 하면서 아홉 해를 정처 없이 떠다니다가 용왕황제국 산호수 가지에 걸렸다.

용왕국의 삽살이가 내리 꿍꿍 짖어대니 용왕이 세 딸에게 상자를 가져오라고 시켰다. 첫째와 둘째 딸은 산호수 가지에 걸린 상자를 내리지 못했다. 하지만 셋째 딸은 나가서 무쇠상자를 거뜬하게 내려놓았다.

상자를 열어보니 옥같이 잘생긴 도령이 앉아 있어 모두 놀랐다. 중문이 하로산또의 딸이 사내 옷을 입고 있어 남자인 줄 알았던 것이다.

"너는 귀신인가 사람인가?"

"귀신이 어찌 이런 행색을 하고 있겠습니까? 저의 아버지는 중문이 하로산또이고, 어머니는 진궁부인입니다."

"어찌하여 용왕국 산호수 가지에 걸렸느냐?"

"일곱 살 나도록 버릇이 없어 저를 무쇠상자에 들여놓고 바다에 띄워버렸는데, 아홉 해를 떠다니다 용왕국에 들어온 것입니다."

용왕은 중문이 하로산또의 딸을 늠름한 사내로 보고 셋째 딸과 혼인시켰다. 부부가 용궁을 떠나게 되니 용왕 부부는 딸과 사위에게 열두 가지 풍운조화 주머니를 내어주면서 그걸로 먹고 살라고 했다. 머리 아픈 것, 눈 아픈 것, 기미 종창 온갖 병을 다스리는 주머니를 받고 부부는 중문이 싱거물로 들어왔다.

하녀 느진덕이정하님이 물을 뜨러 싱거물에 갔다가 아기씨를 발견하고는 놀라 달려왔다.

"마님, 일곱 살에 바다에 던져버린 아기씨가 돌아왔습니다."

"일곱 살에 바다에 던져버렸는데 어찌 살아 돌아온단 말이냐?"

중문이 하로산또와 진궁부인은 자식이 아니라며 한사코 받아들이지 않았다. 딸이 몹시 서운하여 장인장모가 내어준 주머니를 풀어버렸다. 그러자 하로산또와 진궁부인의 눈이 폭삭 어두워지고 이도 아프고 귀앓이까지 했다.

"아이고, 아가야. 어서 이앓이 귀앓이 조화를 풀어다오."

부모가 사정하자 딸은 다시 눈도 밝게 해주고 이앓이 귀앓이까지 싹 다 낫게 해주었다. 그러고선 용궁아기씨와 함께 나가 어머니 아버지께 인사를 했다. 중문이 하로산또와 진궁부인은 용궁아기씨를 보고 어찌 된 일인지 몰라 어리둥절했다.

딸이 방에 들어가 여자 옷으로 갈아입고 용얼래기로 머리를 빗어 연주댕기까지 하고 나왔다. 그제야 용궁아기씨가 제 신랑이 여자임을 알아보았다. 용궁아기씨는 발을 구르며 통곡했다.

"내 낭군이 여자라니! 세상에 어찌 이런 일이 다 있을까? 어머님, 아버님! 저는 이제 어찌해야 합니까?"

중문이 하로산또와 진궁부인은 사달이 벌어졌음을 깨달았다. 부부는 비새같이 눈물을 쏟아내는 며느리가 딱하기 그지없었다.

"하도 행실이 궂어 죽으라고 바다에 띄웠더니 남자 행세로 딸아이를 데리고 왔구나. 상황이 이러하니 내 아일 죽일 수가 있나 남의 딸을 죽일 수가 있나."

중문이 하로산또가 울고 있는 용궁아기씨를 달래며 말했다.

"여자로서 우리 아이를 남자로 착각하여 속고 왔으니 네 신세가 참으로 가련하구나. 검북나무 아래 좌정하여 정월 열나흗날 대제일을 받아라. 내 앞에 오는 단골들 너에게도 가게 해주고, 나에게 제물

차려오듯이 너에게도 제물 챙겨 가도록 해주겠다. 큰굿 할 때는 열두 석에 놀고, 작은 굿에는 아홉 석에 놀고, 앉은제에는 삼석에 놀게 해주마."

이리하여 용궁아기씨는 불목당의 당신이 되어 단골들의 제를 받게 되었다.

옥 같은 도령과 혼인하고 따라왔는데 알고 보니 남편은 여자였다! 용궁아기씨가 맞닥뜨린 기막힌 처지이다. 불목당 신화는 송당의 아들과 혼인하고 따라오는 용궁아기씨 서사를 차용하면서도 일부 내용을 비틀어버린 것이다. 송당계 이야기가 워낙 대세로 굳어지고 이미 계보를 형성한 터라 용궁아기씨를 모시기 위해 편법을 썼다고나 할까.

왜 이렇게까지 하면서 용궁아기씨를 모셔왔을까? 그것은 용궁아기씨가 가지는 신의 권능이 필요했기 때문이다. 용궁아기씨는 해녀들의 안전을 지켜주면서, 피부병 등의 병증을 다루는 치병신이다. 용궁아기씨가 가지고 온 열두 가지 풍운조화 주머니는 심방이면서 의사 역할을 겸했던 무의의 약주머니를 상징한다. 또한 용궁아기씨는 아이를 낳고 길러주는 산육신의 권능도 갖추었다.

용궁아기씨는 불목당에 좌정하고, 중문이 하로산또와 진궁부인, 말썽을 피운 딸은 중문동 본향 도람지궤당에 좌정했다. 도람지궤당은 깊은 계곡에 위치한 자연동굴인데, 도람지(박쥐)들이 서식할 것처럼 깊고 넓다. 사진 자료를 보면 굴속에 제물을 가득 차려놓고, 제법 많은 수의 사람이 둘러앉아 제를 지냈다는 것을 알 수 있다.

용궁아기씨를 모신 불목당.(사진: 김일령)

그런데 왜 마을의 본향당을 계곡 기슭 동굴에 마련했을까? 어지간한 사람은 근처를 지나가도 존재 여부를 알 수 없을 정도로 꼭꼭 숨겨진 본향당이다. 대포동 큿둥이므루 웃당, 셋당, 알당도 마찬가지다. 이곳도 가파른 계곡 기슭에 자리 잡고 있는데, 타잔처럼 나무를 붙잡고 아슬아슬하게 내려가야 한다. 어머니, 할머니들이 제물을 등에 지고 다녔을 터인데 왜 이런 곳에 당을 마련했을까 갈 때마다 궁금했었다.

신화를 정리하다 보니 자연스럽게 그 이유를 깨달을 수 있다. 무속신앙은 이형상 목사의 129개 신당 철폐 이후 일제강점기, 4·3 사건, 박정희 군사정권의 미신 타파 운동 등 고비마다 탄압과 감시를 받아왔다. 그러다 보니 사람들의 발길이 닿기 어려운 가파르고 깊고 그윽한 곳으로 숨어든 것이리라.

불목당은 원래 굴무기나무가 많기 때문에 '굴묵당'이라 부르던 것이 '불묵당'이 되었다가 '불목당'이 되었다고 한다. 그런데 당 이름에 담긴 의미가 남다르게 느껴졌다. 불목당의 '불목'이 '不睦하다', 즉 '서로 사이가 좋지 못하다'라는 한자어이다. 어려서 동네 어른들 불목하게 만든 하로산또의 딸, 그 행실로 인해 부부 관계까지 꼬였고, 서로 화합할 수 없는 처지에 이른 것을 꼬집은 이름이 아닐까.

05

산방산 들녘에 피어난 신들의 이야기

안덕 지역에 좌정하고 있는 신들의 서사는 아름답고 신비로운 산방산을 배경으로 하는 것들이 많다. 그리고 엉밧, 닥밧, 원당밧, 청밧 등 밭 이름을 신명으로 하는 여신들도 이곳에서 만날 수 있다. 사계리 청밧할망 등 산신의 딸들은 산방산 아래 너른 들녘에 좌정하여 농경 시대를 열었다. 대정 지역에서는 신평리 본향당에 전해 오는 신화 하나를 건졌다. 비록 짧은 서사였지만 신축민란의 영웅 이재수를 만날 수 있어 반갑고 소중했다.

덕수리 광정당에 전해 오는 한라산신 삼형제

제주도가 제주목과 정의현, 대정현으로 나누어져 있을 당시, 광정당은 대정현에서 가장 크고 유명한 당이었다고 한다. 당굿이 있을 때는 온 동네 사람들이 광정당으로 몰려들었다고 하니 축제와도 같은 분위기였으리라. 그런데 조선 시대 이형상 목사가 절오백 당오백을 파괴할 때 광정당도 함께 폐당되었다. 이렇게 광정당은 흔적 없이 사라졌지만 여러 당본풀이에서 '광정당'이라는 이름이 단골로 등장하고 있다.

애월면 고성리 항파두리에 김통정이 들어와 토성을 쌓고 집마다 재 닷 되, 빗자루 하나씩 거두었다. 걷어낸 재를 바닥에 뿌리고 빗자루를 말의 꼬리에 달아 내달리니 재가 자욱하게 일어나 세상이 왁왁 어두워졌다.

한라산신 삼형제가 세상을 어둡게 하는 김통정을 처단하기 위해 나섰다. 이를 안 김통정이 도망가면서 무쇠방석을 바다에 던지고 그

위에 올라앉았다. 그러자 사신용왕이 새우 몸을 하고서 방석을 잡아 당겼다. 물에 빠질 지경이 되자 김통정은 매로 변신하고는 하늘로 날아올랐다.

광양당 큰형님이 새가 되어 쫓아가 김통정의 머리 위에서 맴돌았다. 새가 머리 위에서 어지럽게 날아다니자 김통정이 고개를 들었다. 그러자 목을 덮고 있던 비늘이 들렸다. 칼도 뚫지 못하는 비늘이 들리자 광정당신이 그 사이로 활을 쏘아 목숨을 끊어놓았다.

김통정을 처단한 한라산신 삼형제는 활을 쏘아 차지할 땅을 가르기로 했다. 큰형님이 정의 대정 사이에 활을 쏘아 경계를 만들었고, 둘째 형님은 정의 모관(제주시) 사이에 활을 쏘아 경계를 만들었다. 그리고 셋째는 모관 대정 사이에 활을 쏘아 경계를 만들었다.

큰형님은 말을 타고 달려가 광양당에 좌정하고, 둘째 형은 정의 선왕당에 좌정했다. 그리고 셋째는 대정 광정당에 좌정했다.

광양당신과 선왕당신, 그리고 광정당신은 제주를 대표하는 수호신들이다. 그래서 제주 백성들을 고통스럽게 하는 김통정이나 섬의 혈맥을 끊어버리고 돌아가는 고종달을 직접 나서 처단한다는 모습을 보여주고 있다.

삼형제가 활을 쏘아 경계를 만들고 대정과 정의, 모관(제주시)을 차지했다는 서사는 탐라왕국의 건국 신화와 유사하다. 모흥혈에서 솟아 나온 삼신인이 활을 쏘아 차지할 땅을 셋으로 나누고 나라를 세우는 서사가 바로 탐라의 건국 신화이다. 그래서 대정과 정의와 모관을 나누어 좌정했다는 모티프는 탐라국 건국 신화의 원형일

수 있다.

신화 연구가 강순희는 광정당을 '대정현 수령이 의례를 집전했던 당'으로 보고 있다. 관에서 운영하는 당이라는 의미로 관정당이라고 했는데, 입말로 쓰이는 과정에서 광정당이 되었을 것이라고 추정한다.

광정당과 광양당은 이형상 목사에 의해 폐당된 후에는 더 이상 복구되지 못했다. 특히 광정당은 "속칭 '군물왓' 지경에 있었다.", "사계리 730 지경에 있다."는 기록 말고는 그 어떤 흔적도 남지 않았다. 민중들에 의해 만들어지고 유지되던 당들은 이형상 목사가 물러난 후 대부분 되살아나는 등 거듭되는 탄압에도 끈질긴 생명력을 보이는 것과 대조되는 지점이다.

광정당의 흙으로 만든 신상

정재서는 『이야기 동양신화』에서 신이 흙으로 인간을 만들었다는 발상이 신석기 토기 제작에서 비롯되었을 가능성이 높다고 얘기한다. 흙으로 그릇을 만들거나 사물을 빚어낼 수 있게 된 인간이 스스로의 경험에 비추어 인간을 만들어낸 '신'을 상상했다는 것이다. 덕수리 광정당에 전해 오는 또 하나의 신화는 흙으로 빚은 신상에 관한 서사이나. 이는 흙을 이용해 풀무 일을 했넌 마을의 생업과 연관이 있는 것으로 보인다.

입춘경에 어사가 대정에 들어서는데 비바람이 그치지 아니했다. 시냇물이 넘쳐흘러 나아가기 힘들어지자 잠시 광정당 옆에 앉아 쉬기로 했다.

길을 안내하던 통인이 심심하던 차에 놀이 삼아 말채찍으로 흙을 짓이겨 사람 모양을 만들었다. 통인은 흙으로 만든 인형을 담 구멍에 세워놓으면서 말했다.

"너는 여기 앉아 가는 손님 오는 손님 말 발이나 절게 하면서 얻어 먹어라."

그 이후 이십 년이 지난 어느 날이었다. 입춘경에 통인이 다시 근처를 지나고 있었는데, 갑자기 말이 발을 절면서 픽 쓰러지는 것이 아닌가. 통인이 이 무슨 변고인가 하면서 적이 당황했다. 그러다가 문득 생각나는 게 있었다. 흙으로 만든 인형한테 말 발이나 절게 해서 얻어먹으라고 했던 일이 떠오른 것이다.

아닌 게 아니라 흙으로 빚은 신상이 담 구멍에 그대로 서 있었다.

"이놈아, 너의 선생을 몰라보느냐?"

통인이 야단을 치면서 흙으로 만든 신상의 모가지를 툭 끊었다. 그러자 피가 불끈 솟아나면서 죽어가던 말이 파릇파릇 살아났다.

통인은 신상의 목을 다시 붙여주며 말했다.

"앞으로는 원님 사또 출행할 때 말 발 절게 하지 마라. 대신 만민 백성들한테 소소하게 얻어먹으면서 지내라."

그런 일이 있고 난 후 사람들은 광정당 앞을 지날 때마다 버선이나 헌 신발이라도 벗어 던지며 말했다.

"이거라도 받아먹어라."

이렇게 적선을 해야 무사히 광정당을 지날 수 있었다.

심심풀이로 만든 신상에 별생각 없이 넣은 주문이 이십 년이 지났을 때까지도 주술로 통하고 있었다니! 문득 오래전에 보았던 사극의 한 장면이 떠오른다. 사람을 죽게 할 목적으로 그를 대신하는 인형을 만들어놓고 바늘로 찌르며 저주를 거는 장면이다. 몰입해

불미 공예로 유명한 덕수리. 뒤에 보이는 곳이 덕수초등학교이다.

서 보다가 섬뜩해서 오소소 몸을 떨었다. 광정당 본풀이를 읽으면서도 순간의 떨림이 있었다. 하지만 섬뜩해서가 아니었다. 뭔가 신비로운 우주의 기운이 있는 것 같은 감흥 때문이랄까.

덕수리에서 '흙으로 빚은 신상'에 대한 서사가 전해지는 것은 우연의 산물만은 아닐 것이다. 제주도의 흙은 대부분 화산토여서 짓이겨 인형을 만들기가 쉽지 않다. 그런데 덕수리에는 물에 이기면 점성을 띠는 흙이 많았다고 한다. 이 점토가 있었기에 덕수리의 불미(풀무) 공예가 성행할 수 있었다. 이러한 생활문화를 바탕으로 자연스럽게 흙으로 신상을 빚는다는 서사가 만들어졌을 것이다.

덕수리는 옛날 무쇠로 솥 등을 만드는 보습의 산지였고, 이 작업에 꼭 필요한 것이 점토이다. 전통 방식의 풀무 작업은 흙으로 거푸집을 만들고 거기에 쇳물을 부어 생활 도구들이나 농기구를 만들었다. 이렇게 흙을 이용한 덕수리의 불미 공예는 현재 제주도 무형문화재로 지정되었다.

쇠를 녹여 농기구나 솥을 만드는 대장장이들은 도깨비를 조상신으로 모신다. 원래 도깨비당은 한경면 낙천리에 있었다. 도깨비당에서 모시는 신은 '송씨하르방'인데 낙천리의 설촌 조상이다. 송씨의 생업이 솥을 만드는 불미였는데, 이후 송씨 일가가 흙이 좋은 덕수리로 이주하면서 이곳에 보습단지를 형성했다.

화순 고성목당에서 만난 신화와 전설의 영웅

보통 민간 신앙에서 최영 장군이나 임경업 장군 등 이름난 장수를 신으로 모시는 경우를 종종 볼 수 있다. 안덕면 화순리에 있는 고성목당의 신 역시 실제 살았던 인물을 신으로 모시고 있다. 비록 고성목이 이름난 장수는 아니었지만 화제의 인물이었던 것만은 분명하다. 그의 삶과 죽음이 신화와 전설을 통해서 오래도록 전해지는 이유이다.

옛날 고성목이 동과원 서과원에 과일나무를 심어서 과일이 열리면 제주목사한테 바치곤 했다. 그러던 중 제주목사가 이곳으로 출두하게 되었으니 길을 닦으라는 명이 떨어졌다. 며칠 내로 길을 닦으라는 명령도 심상치 않은데, 이런저런 까다로운 조건까지 붙여놓았다.

"길을 닦되 다섯 자 넓이에 석 자 높이로 하여라. 그 위에 담배씨로 덮어놓아야 한다."

고성목은 부랴부랴 길을 닦기 시작했다. 밤낮을 가리지 않고 길

닦기에 몰두하여 겨우 마무리할 수 있었다. 그런데 난데없이 비바람이 몰아치더니 바닷가 백모래가 날아와 길을 덮어버리는 게 아닌가.

제주목사가 출행을 하고 보니 담배씨가 아니라 백모래만 길에 가득했다. 목사는 잘 되었다고 무릎을 치면서 이를 핑계 삼아 고성목을 죽이기로 했다.

고성목은 과수원 안 움막에 문을 잡아 걸고 누웠다가 군졸이 잡으러 온다는 소식에 밖으로 달아났다. 고성목이 내달아 산방산에 오르더니 그만 간곳없이 인간 세상과 이별했다. 군졸들이 고성목을 찾아 산방산 구석구석 다 뒤져도 시체를 찾지 못했다.

어떠한 연유로 제주목사는 터무니없는 요구를 내놓으면서 고성목을 죽이려 했을까. 신화의 서사만으로는 납득이 되지 않았는데, 웬걸, 전설 속에 그 사연이 구구절절 담겨 있었다. 고성목 전설을 바탕으로 사연을 정리해 보았다.

고성목은 천민이었으나 화순리의 큰터라는 곳에 살면서 일약 부자가 되었다. 큰터 바로 옆 몽동이터에 종놈들을 기거하게 하고 또 그 옆 불림터에 집을 지어 지나가는 과객이 묵도록 했다.

고성목은 산방덕이라는 미모의 여인을 첩으로 삼아 곤물이라는 샘물 옆에 큰 과수원을 만들고 그곳에 기거하게 했다. 고성목은 산방덕이 있는 집으로 매일 나들이했는데, 장마철에는 비가 거세게 내리쳐 출입이 불편했다. 그래서 산돼지 수백 마리를 잡아다가 그 가죽으로 장막을 쳐놓고 오가기 편하게 만들었다.

고성목이 호화롭게 산다는 소문이 관아에까지 들어갔다. 목사가 관원을 시켜 고성목이 사는 형편이며 주변 지형을 조사해 보았다. 그 결과 고성목이 사는 집터가 워낙 명당 자리여서 부자가 나올 수 밖에 없다는 것을 알게 되었다.

목사는 고성목이 워낙 출중해서 장차 위험한 인물이 될 수 있다고 판단했다. 게다가 고성목의 첩 산방덕이 인간 세상에서는 보기 힘든 절세미인이었다. 목사는 고성목을 죽이고 산방덕을 차지하고 싶은 욕심도 가지고 있었다.

우선 어려운 과제를 주어 고성목을 곤경에 빠뜨리기로 했다. 목사는 고성목에게 곧 순력을 나갈 것이니 담배씨를 모아다 석 자 두께로 길을 덮어놓으라고 명령했다. 그런데 고성목이 이를 차질 없이 수행해 내는 게 아닌가.

목사가 놀라 다시 명령을 내렸다. 목사가 순력할 때 관속들이 쓸 갓이며 망건을 하룻저녁에 만들어놓으라는 것이다. 이번에도 고성목이 명령한 대로 척척 해내었다. 목사는 무슨 일이든 척척 해내는 고성목이 정말로 무서운 놈이라는 걸 깨닫고는 이것저것 재지 않고 바로 잡아들였다.

산방덕은 고성목이 목숨을 부지하기 어려울 것이며, 자기도 곧 잡혀 가게 될 것을 알았다. 그래서 산방산을 바라보며 주문을 외었다.

"주이주이 산방덕이 날아가 주이다."

주문을 외자 산방덕이 한 마리 새로 변했다. 새는 푸드덕 날아서 산방굴사로 들어가 버렸다. 산방덕은 본래 사람이 아니라 신이었다. 고성목이 평범한 사람이 아니라는 걸 알고는 도와주러 첩이 되었다가 위험을 감지하고는 새로 변해 날아가 버린 것이다.

고성목이 죽은 후 관아에서 그가 살던 집을 불태우고, 집터도 파헤쳐놓아 인물이 나오지 못하게 만들었다고 한다.

고성목은 실제 과원을 관리하며 살았던 인물로 보인다. 이원진의 『탐라지』(1653)에 화순 곤물동네에 과원을 설치했다는 기록이 있는데, 실제 고성목이 살았던 집터는 곤물동의 과수원 자리이기 때문이다.

워낙에 고성목이 뛰어난 인물인데다가 죽은 사연도 평범하지 않으니 사람들은 그가 살던 집터에 당을 짓고 신으로 모시기 시작했다. '화순리 곤물동 본향 고성목 하르방당'은 과수원 안 고성목이 살았던 집터에 위치하고 있다.

고성목당이 있는 과수원 집터를 찾아 안덕면 화순리 곤물동으로 답사를 나갔다. 유서 깊은 마을의 상징처럼 팽나무 정자목이 불끈불끈 옹이진 가지를 늘어뜨리고 있었고, 그 앞에 감귤 과수원이 널찍하게 잘 유지되고 있었다.

하지만 당과 제단은 가시덤불에 뒤덮여 가까이 접근하는 것조차 어려웠다. 그래서 담구멍에 박힌 술병과 사금파리를 찾아내 겨우 위치를 확인하는 것으로 만족해야 했다. 흥미진진한 서사를 가지고 있는 유적지인데도 이렇게 방치되고 있다니! 우리는 술 한 잔 올리고 돌아서면서 아쉬운 마음을 다독였다.

사계리의 논농사를 일으킨 큰물당신

언젠가 사계리 단산에 올라 사방을 둘러본 적이 있다. 확 트인 전경과 너른 들녘, 잘 정돈된 밭들이 장쾌하고 아름다워 감탄의 소리가 절로 터져 나왔다. 큰물당 조상님이 여지물 동산에 올라 바라보았다는 광경이 이러했을까.

큰물당 조상님이 한라산 서쪽 어깨 무유알에서 솟아나 산방산으로 내려왔다. 조상님이 여지물 동산에 올라 사방을 둘러보니 너른 들녘이 풍요로워 부유하게 살 수 있을 것 같았다.

조상님은 산방산 골짜기로 가서 산돼지 열세 마리를 잡아 왔다. 그러고는 젊은이들에게 한 마리씩 먹이고 논 한 판씩 파게 했다. 조상님이 논 열세 판을 만들어 논농사를 일구니 천하 거부가 되어 천함과 귀함을 알지 못했다.

하루는 소사중이 시주를 받으러 왔다.

"너는 어찌하여 권제 삼문을 받으러 다니느냐?"

"권제 삼문 받아다 헌 절도 수리하고 헌 당도 수리하려 합니다."

"헌 절 수리하고 헌 당 수리하게 해주면 대신 내게 뭘 주겠느냐?"

"귀함과 천함을 알게 해드리겠습니다."

"어떻게 귀함과 천함을 알 수 있게 해준단 말이냐?"

"되 아홉, 말 아홉, 푸는 체 아홉을 매일 큰 당물에 씻어서 문 앞에서 올레까지 엎어놓고 이레 동안 타서 가고 타서 오면 귀함과 천함을 알게 될 것입니다."

큰물 조상님은 소사중이 시키는 대로 되 아홉, 말 아홉, 체 아홉을 올레까지 엎어놓고 그 위를 타고 오가기를 반복했다. 그러던 어느 날 문득 비바람이 불기 시작하더니 삽시간에 홍수가 나 논의 벼를 모두 쓸어가 버렸다. 하루아침에 흉년으로 배를 곯게 되고 보니 귀함과 천함이 종이 한 장 차이임을 깨달았다.

조상님은 동네 사람들을 불러다 경작하던 논과 밭을 다 나누어주고 세상을 하직했다. 자손들은 조상님을 본향신으로 모시면서 은덕에 감사했다.

사계리는 마을 한가운데가 주변 지형보다 낮은 습지이다. 제주는 물을 가두기 어려운 까닭에 논농사가 잘 되지 않는데 사계리에서 논농사가 가능했던 이유이다. 자손들은 큰물당 신화를 통해 논농사를 짓게 해준 설촌 조상님의 은덕을 기리고 있다.

신화 속에 비바람이 몰아쳐 논의 벼를 다 쓸어가 버렸다는 내용이 있다. 실제 사계리는 바람이 산방산과 단산 사이로 불기 때문에 그 강도가 아주 세다고 한다. 비바람이 몰아쳐 나무가 꺾이고 기왓장이 날아가고 수많은 곡식이 쓸려가 버렸다는 기록이 김석익의 『탐라기년』(1865)에 실릴 정도다.

거센 바람에 모래와 돌멩이가 날아와 집과 밭을 뒤덮으니 마을 사람들은 해안가 모래언덕에 순비기나무를 심으며 방어벽을 치려고 애를 썼다고 한다. 이렇게 힘을 모아 풍해로부터 마을을 지켜온 이력은 큰물당신을 모시고 은덕에 감사하면서 제를 올리는 전통과 맞닿아 있다.

'사계리 큰물당'은 정월 초하루와 팔월 보름에 당제를 지냈는데, 가을 추수가 끝나면 집마다 벼 한 단씩 거두어서 제단에 올렸다고 한다. 당굿을 주재하는 심방은 쾌자를 입고 큰물당 당신이 산돼지를 잡았던 '신맞이 동산'에 올라가 신을 청해 왔다.

사계리에 가면 산방산과 용머리 해안, 사계포구와 형제섬 등 눈 닿은 곳마다 신비롭고 아름다운 풍광이 펼쳐진다. 제주의 대표적인 관광지여서 민박집과 카페, 식당들도 즐비하다. 이제는 논농사의 흔적이나 해안가에 순비기나무를 심던 공동체의 노고가 보이지 않을 정도로 변화해졌다. 그래서 큰물당을 찾아 사계리에 갔을 때 예전과 달라진 풍경에 적잖이 헤매고 다녀야 했다.

팔월의 땡볕을 온몸으로 받아내며 주변을 맴돌다 '큰물'을 발견했을 때 드디어 단서를 찾아냈구나 싶어 기쁨을 감추지 못했다. 우리는 큰물 뒤쪽 너른 공터에 큰물당이 있었던 것으로 확신했다. 풀이 너무 무성하여 들어가 보지는 못했지만 '큰물'은 여전히 샘솟아 흐르고, 주변으로 습지가 소박하게나마 펼쳐져 있었다.

다음 해 봄에 다시 큰물당을 찾았다. 겨울을 지내면서 다행히 풀

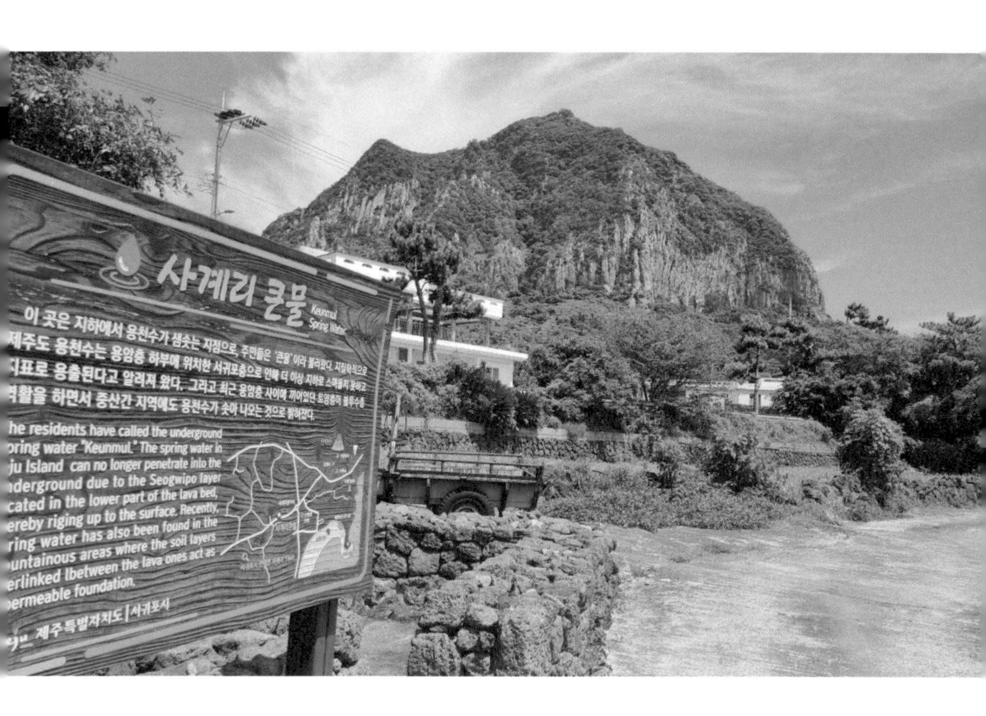

사계리 큰물과 산방산.

이 많이 잦아들어 찬찬히 둘러볼 수 있었다. 하지만 팽나무 주변으로 쓰레기들이 쌓여 있어 제단은 보이지도 않았다. 이렇게 주변 풍광이 아름답고 널찍한 유적지가 쓰레기를 몰래 버리는 장소로 전락했다니! 훌륭한 서사를 가진 공원으로 가꾸어도 좋지 않을까 생각을 곱씹으며 발길을 돌렸다.

감산리 본향 도고샘이 일뤠당 신화

한라산 서쪽 어깨에서 솟아난 아홉 신들의 계보는 수렵 사회 산신들의 활약 속에 형성되었다. 그리고 산신의 딸들은 한라산에서 내려와 안덕면 일대에서 농경 시대를 활짝 열었다. 이들은 청밭, 망밭, 닥밭, 엉밭, 도고샘이 등 밭이나 샘을 신명으로 하고 있는데, 밭과 물이 있는 곳을 중심으로 마을을 형성했던 것과 관련이 있다.

도고샘이 일뤠중저 아버지는 열뤼백관또 하로산이고, 어머니는 중문면 상예리 동산밭 족다리 대서부인이다. 부부간에 딸 일곱 자매가 솟아나니, 큰딸은 대평리 일뤠중저, 둘째는 중문 상예리 망밭중저, 셋째는 번내 일뤠중저, 넷째는 사계리 청밭할망, 다섯째는 감산리 도고샘이 일뤠중저, 여섯째는 공샘이 서리 도궁서천, 일곱째는 서귀포 하예동 일뤠중저이다.

일곱 자매 중에 다섯째 딸이 아버지 어머니 눈 밖에 나서 열다섯 살에 쫓겨났다. 아기씨는 어디로 가야 할지 몰라 대평리 닥밭에 주저앉아 서럽게 울었다.

이때 마침 조천 김존이 아들이 근처를 지나고 있었다. 김존이 아들 또한 나이 열다섯이 되었는데도 총 쏘기 놀이나 하면서 돌아다닌다고 부모 눈에 거슬려 쫓겨난 신세였다. 김존이 아들은 소리 좋은 마상조총 둘러매고 삼신산을 거슬러서 물장오리를 거쳐 안덕 대평리 닥밭머리로 들어섰다.

김존이 아들은 문득 웬 여인의 울음소리를 들었다. 그래서 발길을 멈추고 주위를 둘러보다 서럽게 울고 있는 처녀를 발견했다. 김존이 아들은 놀라 물었다.

"귀신이냐, 사람이냐?"

아기씨가 울음을 그치고 쏘아붙였다.

"귀신은 무슨 귀신, 나는 사람이오."

"그러면 너의 아버지는 누구고, 너의 어머니는 누구냐?"

"나의 아버지는 동백자 하로산이고, 나의 어머니는 족다리 대서부인이다. 나는 아버지 어머니 눈 밖에 나 쫓겨났는데 어디로 가야 할지 몰라 이리 울고 있는 것이오."

김존이 아들이 고개를 끄덕였다.

"아기씨 나이는 몇이나 됩니까?"

"내 나이 열다섯입니다."

"나는 조천 김존이 아들인데, 나 역시 아버지 눈 밖에 나서 쫓겨났소. 우리가 띠동갑이니 부부가 되어 살아봅시다."

둘은 부부가 되어 같이 살기로 하고 머물러 살 곳을 찾아 나섰다. 상창리 상장궤에 내려서서 구슬잣밤나무 아래 서서 둘러보니 주 첨지가 이미 좌정하고 있었다. 임자가 없는 곳을 찾아 다시 길을 떠났는데, 더대오름 꼭대기에 흰 사슴이 서 있었다. 이에 김준이 아들이 마세총을 쏘아 사슴을 잡았다. 둘은 사슴 가죽을 벗겨내고 내장을 뽑아내 조반 반찬을 만들었다.

둘이 맛있게 아침을 먹고 있는데 갑자기 비바람이 몰아치기 시작했다. 삽시간에 물이 불어 홍수가 나는 바람에 둘이 물살에 쓸려 내려갔다. 물길에 쓸려가던 부부가 감산리 도고샘에 다다라 겨우 나무를 붙잡고 땅 위로 올라올 수 있었다.

둘이 주변을 둘러보니 도고샘이 물이 깊고 들녘이 푸르러 좌정할 만했다. 부부는 감산리 도고샘에 좌정하여 감산리 본향신으로 만민 백성을 위했다.

본풀이에 등장하는 아버지 열뤼백관또 하로산은 한라산 서쪽 어깨 소못된밧에서 솟아난 아홉 형제 중 일곱째 산신이다. 그런데 산신의 시대는 이미 저물었다. 다섯째 딸이 불효한 죄로 쫓겨났다고 하지만 사실은 주도권이 농경신인 딸들에게로 넘어가고 있음을 암시한다.

열뤼백관또 하로산의 다섯째 딸은 역시 부모로부터 내쫓겨 돌아다니던 조천 김존이 아들과 만나 부부 연을 맺었다. 부부는 살 곳을 찾아다니다 물살에 쓸려가 도고샘에 좌정했는데, 이는 샘물을 중심으로 마을을 형성했던 것과 관련이 있다. 도고샘은 지금의 안덕계곡을 말하는 것으로, 제주에서는 드물게 물이 풍부하여 이곳의 물로 논농사를 지을 수 있었다고 한다.

항시 물이 마르지 않는 안덕 계곡.

부부가 도고샘에 좌정하게 된 계기는 하얀 사슴을 사냥하여 먹은 것에서 비롯되었다. 신령스러운 동물을 상징하는 하얀 사슴을 잡아먹고 나서 갑자기 비바람이 몰아쳤다. 결국 둘이 물살에 휩쓸려가다 도고샘에 이르렀다. '넘쳐흐르는 물결'은 다산과 풍요, 그리고 새로움의 창조를 상징하는 화소이다. 바야흐로 시대의 변화가 물결치고 있는 것이다.

홀로 마라도에 남겨져 죽은 소녀의 애기업개당

마라도 애기업개당 본풀이는 의지가지없는 여자아이가 섬에 혼자 남겨져 죽음에 이르렀고, 그 원혼을 신으로 모시게 되었다는 이야기이다. 비록 소녀의 넋을 위로하기 위하여 당을 설립하고 제를 올린다고 하나 집단 폭력의 그림자가 짙게 드리워진 신화가 아닐 수 없다.

마라도에 사람이 살고 있지 않을 때의 일이다. 마라도 연안에 전복과 소라가 많아 해녀들은 며칠씩 머무르며 물질을 하다 돌아오곤 했다. 오월 어느 날 해녀들이 배에다 식량을 가득 싣고 마라도에 물질을 가게 되었다.

대정 알뜨르 이씨 부인도 마라도에 물질을 가면서 아기와 함께 애기업개도 데리고 갔다. 애기업개는 허씨 아이로 열네 살에 이씨 부인 댁에 들어와 아기를 돌보고 있었다.

며칠 동안 물질을 하여 전복과 소라를 푸짐하게 잡은 해녀들이 이

제 돌아가려고 하는데 바람이 어찌나 세게 부는지 도저히 배를 띄울 수가 없었다. 마침 오월 장마가 겹쳐 비바람이 잦아들 기미가 보이지 않았다. 식량은 바닥이 난 터라 걱정이 이만저만이 아니었다.

그러던 중에 해녀 한 사람이 꿈을 꾸었다. 꿈에 산신대왕이 내려와 열네 살 된 처녀를 두고 가면 살아 나갈 수 있으리라 예언했다. 뱃사공도 같은 꿈을 꾸었다고 하자, 모두 살기 위해서 애기업개를 희생시키는 수밖에 없다고 결론을 내렸다.

마침 바람이 잦아들어 모두 부랴부랴 배에 올라탔다. 막 섬을 떠나려 하는데 이씨 부인이 기저귀를 섬에 놓고 왔다면서 애기업개에게 가서 가져오라고 시켰다. 아무것도 모르는 애기업개는 배에서 내려 기저귀를 가지러 바위 위로 달려갔다.

사공은 서둘러 닻을 올리고 배를 움직였다. 애기업개가 기저귀를 가지고 왔을 때는 벌써 배가 저만치 멀어진 후였다. 애기업개는 기저귀를 흔들며 소리쳤다. 하지만 배는 돌아오지 않았다.

한 해가 지나가고 다시 봄이 오자 해녀들은 다시 마라도로 물질을 갔다. 해녀들은 섬에 도착하자마자 애기업개를 찾아보았다. 울부짖으며 발버둥을 치던 애기업개의 모습이 뇌리에 박혀 모두들 마음이 편치 않았던 터였다.

애기업개가 소리치며 손을 흔들던 자리로 가보니 그곳에는 뼈만 앙상하게 남아 있었다. 해녀들은 자기들 때문에 희생당한 애기업개의 넋을 위로하기 위하여 처녀당을 짓고 매년 당제를 올리기 시작했다.

거센 파도의 흔적이 생생한 마라도 해안.

이른 봄에 애기업개당을 보기 위해 마라도로 향했다. 배표를 끊고 줄 서서 기다리고 있는데 거센 물결 때문에 승선이 취소되었다는 안내방송이 들렸다. 한 시간 넘게 운전하고 갔던 터라 그냥 돌아올 수가 없어 가파도로 행선지를 바꾸었다. 바로 옆 가파도는 갈 수 있는데 왜 마라도는 안 되는 거냐고 투덜거리면서 말이다.

몇 달 후에 다시 마라도 행을 도전했고, 다행히 이번엔 배를 탈 수 있었다. 그런데 어찌나 파도가 출렁이는지 멀미 때문에 고생을

마라도 해안에 자리 잡은 애기업개당.

했다. 거센 바람과 파도로 배를 띄울 수 없었던 해녀들의 고충이 고스란히 느껴질 정도였다. 거센 물결의 흔적은 마라도 해안의 깎아지른 절벽에 고스란히 새겨져 있다.

애기업개당은 부두와 가까운 곳에 있어 배에서 내리자마자 오른쪽으로 조금만 걸어가면 바로 보인다. 바다를 등지고 소박하게 돌로 울타리를 쌓아놓은 신당이다. 마침 한 여인이 잔뜩 음식을 차려놓고 제를 지내고 있어 안으로 들어설 수는 없었다.

오랜 시간 앉아 제를 올리는 여인을 보며 생각했다. 지금 저분은 가련하게 죽은 소녀의 넋을 위로하고 있을까? 아니면 간절하게 뭔가를 기원하고 있을까? 나 역시 절을 하면서 습관처럼 바람을 늘어놓았으니 염치 없기는 매한가지다.

대정읍 신평리 일뤠당과 이재수 장두

신평리 일뤠당에는 좌정한 신을 밝히는 정도의 짧은 본풀이가 있을 뿐이다. 그런데 이 당과 관련하여 덧붙여놓은 일화가 관심을 불러일으켰다. 1901년 신축년에 세금을 걷는 봉세관과 신흥 종교인 천주교의 가렴주구에 항의하여 민란을 일으킨 이재수가 등장하고 있어서이다.

옛날 서울서 세 자매가 유람차 제주에 내려왔다가 신으로 좌정했다. 세 자매 중 첫째는 조수리 허리궁전으로 가고, 둘째는 신평리 일뤠당으로, 셋째는 대정 인성리 산짓당 옆에 좌정했다. 한집님이 대대손손 신평리 자손들을 지켜주며 모든 일이 잘 되게 도와주시니 마을 사람들이 지금까지 다니며 모시고 있다.

신축년에 성교에서 마을에 있는 당들을 허물고 신목을 베어내는 등 행패가 심하여 가니 이재수가 난을 일으켰다. 성교에서 이재수를

최근 정비된 신평본향당과 안내석.

잡으러 대정으로 들어올 때 신평리 신께서 지켜줘 액운을 면할 수 있었다.

신평리는 넓은 들에 새로 생긴 마을이라는 의미이다. 주변 농지는 대부분 평평한 지형이며, 넓게 곶자왈이 형성되어 있다. 신평마을은 이재수 난이 일어나기 3년 전에 현씨 할머니가 들어와 자리를 잡으면서 시작되었다고 한다. 1901년 신축민란 때 이재수 장두가

민군들과 함께 신평리 일뤠당에서 출정식을 가졌다.

구한말에 천주교가 제주로 들어오면서 특히 전통 신앙과의 갈등이 심했다. 정리된 자료만 보더라도 천주교인들이 봉세관과 결탁하여 과도하게 세금을 걷는 데 앞장선 것은 물론이요, 마을의 신당을 파괴하고, 신목을 잘라내서 팔아치우는 등의 횡포를 일삼았다. 이러한 탄압 때문에 무속인들도 대거 민란에 참여했다. 민란의 장두 중 한 사람인 이재수가 출정식을 신평리 신당에서 했다는 것에서도 민란의 성격을 짐작할 수 있다.

제주에서 민란은 백성들이 지배자의 횡포에 저항하며 억울함을 드러내는 것이었고, 민란이 진압되고 장두들이 목을 내놓는 것으로 마무리되곤 했다. 스물다섯 청년 이재수도 장두로 나섰다가 오대현, 강우석과 함께 사형을 당했다. 제주 민중들은 이재수를 날개 달린 장수로 이야기 속에 구전시키며 그의 죽음을 안타까워했다. 신축민란을 좌수 오대현과 강우석을 제치고 관노였던 이재수의 이름을 따서 '이재수난'이라고 부른 이유이기도 하다.

신평본향당은 신평리 곶자왈 숲 한쪽 기슭에 있다. 하지만 주변 잡풀이 무성하여 평소 접근이 쉽지 않았다. 다행히도 최근에 '신축항쟁 120주년 기념사업회' 활동의 하나로 신평본향당을 정비하면서 안내석도 세워놓았다. 덕분에 신평본향당이 가시덤불에 덮여 사라져 버릴지도 모른다는 우려를 날려버릴 수 있었다.

06

금악의 신과 바다를 건너온 내방신들

금악계 신앙의 중심에는 정좌수 따님아기가 있다. 정좌수 따님아기는 사냥신인 황서국서와 혼인하여 금악 지역에 좌정하면서 농경 시대를 열었다. 그리고 그 자식들이 여러 마을로 뻗어나가면서 금악계 신의 계보를 이루었다.

한경과 한림 지역은 신화가 풍부하게 남아 있는 편은 아니지만, 당신화에서 중요한 영역을 차지하는 도깨비 신화와 영등신 신화가 전승되고 있어 눈길을 끈다. 도깨비 영감신과 영등 바람신은 바닷가 마을을 중심으로 퍼져나가 어부와 해녀들의 생업신으로 좌정했다.

금악계 신의 계보를 이룬 정좌수 따님아기

아득한 옛날부터 한라산은 수렵 시대 사냥터였고, 제주 사람들에게 삶의 터전이었다. 세월이 흘러 한라산 골짜기를 누비며 사냥하던 사람들이 점차 산자락으로 내려와 정착 생활을 하면서 서서히 수렵 시대는 막을 내렸다.

정좌수가 한라산에 사냥을 갔다가 노루 한 마리를 손쉽게 잡았다. 흡족한 마음으로 활에 맞아 죽은 노루를 둘러메고 산에서 내려오는데, 바로 앞에 또 다른 노루가 서 있는 게 아닌가. 게다가 노루는 도망갈 생각도 않고 서서 정좌수를 빤히 쳐다보았다. 노루가 도망가지도 않고 서 있는 게 이상하다 생각하면서도 정좌수는 화살을 날렸다.

화살에 맞은 노루가 뒤로 돌아 껑충 뛰더니 모습을 감추었다. 멀리 못 갔으려니 생각하고 노루가 사라진 곳으로 달려갔다. 그곳은 계곡으로 이어지는 벼랑 끝이었다. 정좌수는 몇 걸음 못 가서 벼랑 아래로 떨어져 버렸다.

정좌수는 다리를 크게 다쳤다. 그래서 먼저 잡은 노루를 등에 지고 기다시피 하면서 산을 내려왔으나 그날로 앓아 눕게 되었다.

시름시름 앓던 정좌수는 딸을 불러 말했다.

"얘야, 내가 마지막으로 잡은 노루를 약으로 써야겠다. 간을 횟감으로 썰어 와라."

정좌수 따님아기는 노루의 배를 갈라 간을 꺼냈다. 서둘러 횟감을 썰다 보니 그만 한 점이 부엌 바닥으로 떨어져 버렸다. 정좌수 따님아기는 흙 묻은 것을 아버지께 드릴 수 없어서 떨어진 간 조각을 그냥 내버려두었다.

정좌수 따님아기는 노루의 간을 접시에 담아 아버지께 가져갔다. 가까스로 일어난 정좌수가 접시의 간을 보더니 버럭 화를 내었다.

"이거 분명 한 점이 부족허다. 어찌 된 일이고?"

"급히 썰다 한 점이 바닥에 떨어져신디, 흙 묻은 걸 아버님께 드릴 수 없어 그냥 내버려뒀수다."

정좌수는 딸을 보며 혀를 찼다.

"너는 노루가 얼마나 귀한 줄 몰람구나. 노루는 하늘이 허락한 것만을 잡아야 허는 영물이여. 내가 욕심부려 한 마리 더 잡으려 하다 이렇게 벌을 받는 것이다. 그러니 어찌 흙 묻은 거라고 함부로 버릴 수 있겠느냐?"

정좌수는 눈 쌓인 한라산을 누비며 힘들게 노루를 잡던 이야기를 들려주었다. 그러고는 새벽에 조용히 숨을 거두었다.

정좌수 따님아기는 아버지를 묻어드리고 한라산으로 올라갔다.

때는 겨울이라 눈 쌓인 겨울의 한라산은 앞을 분간하기 어려웠다. 정좌수 따님아기는 금세 길을 잃고 헤매었다.

추위와 배고픔으로 기진맥진해서 풀썩 주저앉았는데 어디선가 가는 연기가 피어오르는 게 보였다. 이제 살았구나 하고 연기를 따라가 보니 바위굴에 한 사내가 앉아 있었다. 사내가 아기씨를 보고 놀라 물었다.

"너는 누구냐?"

"저는 사냥꾼 정좌수 딸이우다. 아버님이 돌아가시면서 사냥하던 얘기를 들려주셨는데, 마지막으로 아버님 발자국을 밟고 싶어 산으로 들어왔수다."

"그게 정말이냐? 나는 정좌수와 같이 사냥하러 다니던 황서국서다."

정좌수 따님아기와 황서국서는 혼인하여 부부가 되었다. 둘은 사냥을 그만두고 마을로 내려가 사람들을 보살피며 살기로 했다.

한라산에서 내려온 부부는 금오름에 올라 좌정할 곳을 살펴보았다. 부부는 금오름이 너무 높아 자손들의 제물을 받기 어렵다고 생각하고 아래로 내려가기로 했다.

당동산에 가보니 말뼈가 널려 있었다. 황서국서는 본디 사냥을 하여 고기를 먹는 신이라 이곳에 좌정하기로 했다. 정좌수 따님아기는 고기를 먹지 않으므로 같이 좌정할 수가 없어 좀 더 아래로 내려왔다. 뚜신모르(지명)에 이르러 주위를 살펴보자 마음에 들어 축일한집으로 좌정했다.

부부가 일곱 오누이를 낳았는데, 큰아들은 종구슬 고완이, 둘째 아들은 명월 하원당, 셋째 아들은 널개, 큰딸은 저지 허리궁전, 둘째 딸은 저지리 당므르 일뤠중저이고, 셋째딸은 느지리 캐인틈, 작은 딸은 상명리 마봉오지 축일한집이다. 이들은 낳는 날 생산 차지, 죽는 날 물고 차지한 본향당신이 되었다.

이 신화는 아버지 정좌수의 사냥 이야기가 대부분을 차지하고 있다. 그런데 그 이야기가 지평선 너머로 지는 해가 남겨놓은 노을빛처럼 쓸쓸하기 그지없다. 사냥꾼 정좌수의 삶을 끝으로 수렵 시대가 막을 내리고 있으니, 그가 먹은 횟감은 마지막 성찬이 되었다.

하지만 정좌수와 같이 사냥하러 다녔던 황서국서는 정좌수 따님아기와 혼인하면서 공존의 길을 열었다. 사냥신의 권능을 버리고 목축신으로의 변신에 성공했기 때문이다. 황서국서가 목축신으로 변신할 수 있었던 배경에는 한라산 자락에 있는 금악의 너른 초원이 있다.

금악리는 해발고도 230미터인 중산간 마을로 한림읍에서 가장 높은 지대에 자리 잡고 있다. 금악의 드넓은 목초지는 말의 방목지가 되었고, 몽골 지배 당시 100여 년 동안 말 목장으로 쓰였다. 황서국서가 말뼈가 널려 있는 당동산에 좌정했다는 대목은 말을 방목하던 이들이 황서국서를 목축신으로 모시기 시작했다는 것을 의미한다.

정좌수 따님아기는 사냥신인 황서국서와 혼인하지만 고기를 먹지 않는 농경신이어서 같이 좌정할 수 없었다. 정좌수 따님아기는 남편을 놔두고 길을 떠나 금오름 주변의 비옥한 토지에 자리를 잡

금오름에서 바라본 한라산과 오름들.(사진: 김일령)

으면서 농경 시대를 열었다. 금오름은 배부른 암소가 누워 있는 모양으로 주변의 넓은 평야를 거느리고 있다. 정좌수 따님아기가 소의 날, 즉 축일(丑日)에 제를 지내는 축일당신이 된 것은 농사를 짓는 데 없어서는 안 될 존재가 바로 소이기 때문이다.

금악의 신 정좌수 따님아기는 농경신이자 치병신으로 권능을 행

정좌수 따님아기가 좌정하고 있는 금악본향당.

사했고, 한경과 대정에서도 모시는 당이 생길 만큼 세력이 커졌다. 금악계 신앙이 인근 다른 지역으로 뻗어나갈 정도로 위세가 상당했음을 짐작할 수 있다.

농경 사회를 연 정좌수 따님아기

정좌수 따님아기가 개성 넘치는 모습으로 등장하는 금악당 본풀이가 하나 더 있다. 황서국서 대신에 최지국 아들이 등장하는데, 남편이 누구인가가 중요하지 않을 정도로 정좌수 따님아기의 매력이 상당하다.

정좌수 따님아기가 산에 나무하러 갔다가 사냥 온 최지국의 아들과 마주쳤다. 최지국 아들은 정좌수 따님아기를 보자마자 한눈에 반해서 덥석 손목을 붙잡았다. 그러자 정좌수 따님아기가 발칵 화를 내면서 단번에 최지국 아들을 메다꽂았다. 그러고는 밧줄로 나무에 꽁꽁 묶어놓았다. 최지국 아들은 나무 기둥에 묶인 채 나무를 하는 정좌수 따님아기를 바라볼 수밖에 없었다.

정좌수 따님아기가 나뭇짐을 등에 지고 그대로 산에서 내려가려 하니 최지국 아들이 살려달라고 애원했다. 정좌수 따님아기는 애원하는 최지국 아들에게 제안했다.

"나에게 누님이라고 부르면 살려주지."

최지국 아들이 마지못해 누님이라고 부르며 풀어달라고 부탁했다.

"아이고, 누님! 부디 살려주십서."

그제야 정좌수 따님아기는 최지국 아들을 풀어주고는 쿳노래를 부르며 산에서 내려갔다.

정좌수 따님아기가 마을로 돌아오니 집에 사돈 맺자고 사람이 와 있었다. 정좌수 따님아기는 아버지한테 하늘에서 맺어준 사람이 따로 있으니 그냥 돌려보내라고 했다.

"하늘에서 맺어준 인연이 누구냐?"

"차차 알게 될 것이우다."

며칠이 지난 어느 날, 비가 거세게 내려 사방으로 물이 넘쳐흘렀다. 사냥이 어려워지자 최지국 아들이 산에서 내려와 묵을 곳을 찾았다. 마침 저만치 집이 하나 보여 부랴부랴 뛰어 들어갔는데, 그곳에서 정좌수 따님아기를 보았다.

최지국 아들이 마당으로 들어설 때, 정좌수 따님아기가 아버지에게 말했다.

"저 사람이 내 남편 될 사람이우다."

최지국 아들이 좋아서 허우덩싹 웃었다. 정좌수도 그만하면 기백이 있어 보여 혼인을 허락했다.

이렇게 해서 두 사람이 부부로 인연을 맺게 되었다. 정좌수 따님아기는 검은오름 뜨신모들로 가서 좌정하고, 최지국 아들은 알당밧 오일한집으로 가서 좌정했다. 부부가 일곱 오누이를 낳았는데, 아들, 딸들이 이웃 마을로 흩어져 그 마을의 당신이 되었다.

최지국 아들이 등장하는 신화는 정좌수 따님아기의 영웅적인 면모가 더 부각되어 있다. 건장한 사내를 단번에 제압하고 나무에 묶어버릴 정도로 힘도 장사요, 배포도 두둑하다. 또한 부모가 정한 사람에게 시집을 가는 것이 아니라 먼저 남편 될 사람을 점찍을 정도로 주체적인 여성의 모습을 보여주고 있다. 정좌수 따님아기는 이러한 기백으로 농경 사회라는 새로운 시대를 활짝 열어젖혔다.

정좌수 따님아기와 최지국 아들을 다시 만나게 하고 부부로 맺어지도록 결정적인 역할을 한 것은 거세게 내리는 비이다. 이는 중국 신화 속 복희와 여와 남매를 연상시킨다. 우레의 신 뇌공에 의해 밤낮없이 비가 내리자 세상이 물에 잠겨 사람들이 죽어 나갔고, 남매인 복희와 여와만 살아남았다. 둘은 하늘의 뜻에 따라 혼인을 하여 다시 인류를 번성시켰다. 정좌수 따님아기와 최지국 아들 역시 홍수를 계기로 재회하여 부부가 되었고, 이들이 낳은 아들딸들이 주변 지역으로 퍼져나갔다.

수렵 이동 시대에는 식량을 저장할 수 없으니 늘 먹을 것이 부족했고, 어린 자식이 많으면 이동이 어려워 형제간 터울이 많을 수밖에 없었다. 그러나 정착 생활을 하고 농사로 식량을 비축하게 되면서 자식들도 많아졌다. 정좌수 따님아기의 자손이 여러 지역으로 뻗어나가 금악계 신들의 계보를 형성할 수 있었던 배경이다.

한경면 낙천리의 생업 수호신 도깨비

한국 민담 등에 단골로 등장하는 도깨비! 도깨비는 지금도 동화책이나 드라마에 종종 출연할 정도로 인기 있는 캐릭터이다. 예로부터 제주에서는 도깨비 이야기가 신화로 전승되고 있으며, 지금도 의례를 통하여 섬기는 신앙의 대상이다. 한경면 낙천리 소록낭머들 오일하르방당 본풀이는 도깨비가 신으로 좌정하게 된 내력을 담고 있다.

서울 사는 진씨 아들 삼형제가 어찌나 행실이 불량한지 동네 처녀들을 희롱하고 몸을 더럽히며 다니느라 사람들의 원성을 샀다. 이들의 못된 행실을 혼내주려 하면 신출귀몰하는 삼형제에게 오히려 호되게 당하고 마니 함부로 손을 댈 수도 없었다.

삼형제를 벌해 달라는 상소가 빗발치듯 임금님께 올라갔다. 이에 임금님께서 당장 삼형제를 잡아 올려 만주 드른들거리로 귀양을 보내버렸다. 만주로 쫓겨난 삼형제는 도깨비가 되어 밤마다 저잣거리를 휘젓고 다니면서 사람들을 놀라게 했다.

드른들거리에 가난한 송영감이 살고 있었다. 송영감은 재산이라고는 기르고 있는 돼지 한 마리와 집 한 채가 전부였다. 하루는 송영감이 산에 가서 약초를 캐서 장에 가 팔고 돌아오다가 동네 어귀에서 배고파 축 늘어져 있는 진씨 아들 삼형제를 만나게 되었다.

삼형제는 송영감을 보자 반가워하며 앞을 가로막았다. 영감은 웬 도깨비들이 앞을 가로막으니 놀라 뒷걸음질 쳤다.

"영감이 만약 우리를 위해서 돼지를 잡아 제사를 지내면 고생 안 하고 살게 해주지. 근데 만약 모르는 체하면 무슨 일이 벌어질지 장담할 수 없다. 어떻게 할래?"

영감은 무서워 무조건 그러겠다고 약속하고 집으로 도망쳐 들어왔다. 도깨비들도 영감 뒤에 바짝 붙어서 집으로 따라 들어왔다. 영감은 약속을 지키지 않았다가는 무슨 일을 당할지 모른다고 생각하고 돼지를 잡아 수수떡 수수밥과 함께 대접을 해주었다.

그때부터 하는 일마다 술술 잘 풀리더니, 영감은 삽시간에 천하 거부가 되었다. 마을에는 영감이 도깨비와 같이 살아서 부자가 되었다는 소문이 쫙 퍼졌다.

송영감은 도깨비랑 같이 사는 것이 영 마음에 들지 않았다. 만나는 사람마다 정말 도깨비랑 같이 살고 있냐고 물어봤기 때문이다. 게다가 시름시름 기운이 없는 것도 왠지 도깨비 탓인 것 같았다.

고심하던 송영감이 꾀를 하나 생각해 내고는 도깨비들에게 말했다.

"저 멀리 세경 넓은 밭을 문밖에 떼어다 놓아주시오. 그러면 평생 모시고 살겠소. 허나 그러지 못하면 이 집에서 나가야 할 것이오."

"그럼 그렇게 하지."

자신만만한 도깨비들은 열심히 밭을 떼어다 문밖에 갖다 놓으려 했다. 그런데 아무리 용을 써도 밭을 옮겨올 수 없었다. 마침내 도깨비들은 기운을 다 써버리고 나가떨어졌다.

기회는 이때다 하고 송영감이 서둘러 도깨비를 나무에 꽁꽁 묶었다. 송영감은 도깨비들을 네 토막으로 뚝뚝 잘라서 멀리 내던졌다. 그러고는 백마를 잡아 문밖에 말가죽을 잘라 붙이고 집 좌우로 돌아가면서 말의 피를 뿌렸다. 거기다가 처마 밑에 말고기까지 걸어놓아 도깨비가 더 이상 들어오지 못하게 했다.

네 토막으로 잘려 나간 도깨비는 열두 도깨비로 불어났다. 도깨비들은 천기 별자리를 짚어 점을 치고 각기 사방으로 흩어졌다. 위로 삼형제는 서양 여러 나라로 흩어져 기계풀무 야장신(冶匠神)이 되고, 그 아래 삼형제는 일본 가미산 맛주리 대머리 공원 철도목 철공소와 방직회사에서 초하루와 보름에 제의를 받는 신이 되고, 그 아래 삼형제는 서울 호적계로 좌정했다.

막내 삼형제는 갈 길을 몰라 방황하다가 흉년이 들어 장사하러 온 제주 뱃사람의 두 아들을 만났다. 도깨비들은 선주의 아들들에게 말했다.

"우리와 잘 사귀면 부귀영화를 누리게 될 것이다. 그러니 우리를 제주로 데려가는 게 어떤가?"

두 형제는 그러겠다고 하고서 도깨비들을 모시고 제주로 들어왔다. 도깨비 삼형제는 제주 사람들의 일월조상이 되었다. 바다 일을 하는 사람들은 도깨비를 뱃선왕으로 모시고, 사냥꾼들은 도깨비를 산신으로 모시고 대장간 풀무 일을 하는 자손들은 도깨비를 야장신으로 모신다.

중국 신화에 등장하는 오방신은 태호, 염제, 황제, 소호, 전욱이다. 이 중에 동방의 신이자 팔괘를 만든 '태호'와 남방의 신이자 태양의 신 '염제', 서방의 신이자 새의 신 '소호'는 원래 동방 출신이며 황제, 전욱 등 서방 출신의 신보다 기원이 더 오래되었다고 한다. 이에 대하여 신화학자 정재서는 『이야기 동양신화』에서 "중국 문명이 처음에 동방을 중심으로 발전했던 사실을 암시한다. 즉, 동이계 종족이 대륙에 먼저 진입하여 문명을 주도했음을 말해주는 것이다."라고 했다.

한경면 낙천리 도깨비 신화에서도 이러한 문명의 흐름을 읽을 수 있다. 도깨비는 불로 쇠를 녹여 그릇이나 무기를 만드는 대장장이들의 야장신이다. 열두 형제로 불어난 도깨비들이 서양으로, 일본으로, 한양과 제주로 흩어졌다는 서사는 철기 문명의 전파와 이동을 상징하는 것이다.

도깨비들은 제주에 들어와 대장장이들이 모시는 야장신으로, 사냥꾼들이 모시는 산신으로, 뱃사람들이 모시는 선왕신으로 좌정했다. 일월조상, 즉 조상신이자 생업신으로 섬김을 받게 된 것이다. 도깨비 신앙의 확산과 관련해서는 비양도 영감당 본풀이에 잘 드러나고 있다.

큰형은 할로영산 한라산에 좌정하고, 둘째는 한경면 고산봉 허릿당으로 좌정하고, 막내는 안덕면 덕수리에 좌정했다. 이후에 가지 갈라다 넙은팡(협재리)에 좌정하고, 한경 낙천리에 좌정하고, 금능리 소왕물에 좌정하고, 그다음엔 비양도에 좌정하고, 한림읍 옹포리 독개 돌당, 한수리 대섬밧에 좌정했다. 산에 올라 산신으로, 쇠를 녹이는 야장신으로, 배에 가면 선왕으로 놀던 조상이다.

신화 속에 등장하는 송씨하르방은 낙천리의 설촌 조상으로 쇠를 녹여 농기구를 만드는 대장장이였다. 그 후 송씨 자손들은 안덕면 덕수리로 이주하여 그곳에서 보습의 산지를 형성했다. 덕수리에서는 도깨비를 야장신인 솥불미또로 모시면서 '불미고사'를 지낸다.

도깨비 신화는 마을에 뿌리를 둔 당본풀이와 인간 전반의 문제를 다루는 일반본풀이를 통하여 전승되고 있는데, 칠머리당 영등굿의 영감놀이는 일반본풀이인 '영감본풀이'를 대본으로 하고 있다. 도깨비는 잘 모시면 부귀영화를 누리게 해주는 '부의 신'이지만 잘 모시지 않으면 무서운 보복을 하는 재앙신이기도 하다.

고산리 당산봉 기슭의 차귀당

예로부터 제주도는 습한 날씨 때문에 뱀이 많았다. 그런데도 주민들은 뱀을 신령스럽게 생각하고 함부로 죽이지 않았다. 그뿐만 아니라 뱀을 집안의 가신으로, 마을의 수호신으로 숭배했다. 특히 차귀당은 서귀 지역에 널리 퍼져 있는 토산 여드렛당과 더불어 제주의 대표적인 뱀 신앙지라 할 수 있다.

옛날 고려 적에 테우리(목동) 법성이 날마다 차귀뱅뒤(고산 평야)에 말과 소를 끌고 가 풀을 먹였다. 하루는 날이 더워 바람이나 쐬려고 바닷가로 내려섰는데 웬 무쇠상자가 물결에 두둥실 실려 왔다.

법성이 이게 뭔고 해서 무쇠상자를 열어보았다. 그러자 황구렁이 한 쌍, 적구렁이 한 쌍이 소랑소랑 똬리를 틀고는 눈은 해뜩, 혀는 맬록했다. 법성이 금착 놀라 바닥에 엎드리며 싹싹 빌었다.

"아이고, 살려줍서. 나를 태운 조상이건 좋은 데로 좌정할 수 있게 안내허쿠다."

당산봉 기슭에 있는 차귀당.

법성이 길을 안내하며 걸어가자 구렁이들이 뒤를 따라왔다. 법성은 구렁이들을 당오름 병풍바위 아래 깨끗한 곳으로 인도하고 자리를 마련해 드렸다.

법성은 당집을 마련하고 구렁이들을 좌정시켜 극진히 모시기 시작했다. 그러자 구렁이들은 조상신이 되어 자손들이 세계 어디를 가든 명을 주고 복을 주었다.

이 당은 영기가 세서 사람들이 길목을 지나게 되면 말에서 내려 머리를 수그려야 무사히 갈 수 있었다. 그렇지 않으면 말 발이 저는 바람에 지나갈 수가 없었다. 담뱃대를 그대로 물고 지나갔다가 생니를 앓기도 했다.

차츰 동네 사람들도 당에 와서 제사를 올리면서 마을의 수호신으로 극진히 모셨다. 그러자 각지에 호열자가 유행해서 사람들이 많이 죽어 나갈 때도 이 동네 자손들만은 무사히 넘길 수 있었다.

해방 후에 4·3 사건이 터지면서 마을 청년회가 조직되었다. 이완노 청년회장이 당에 와서 쓸데없는 일이라면서 신목을 잘라버리고 당집도 허물어버렸다. 이렇게 행패를 부린 청년회장 이완노는 시름시름 앓다가 결국 목숨을 잃었다.

당집이 허물어진 후 마을에서는 자꾸 궂은 일만 생기고 되는 일이 없었다. 그래서 부녀회에서 회의를 열고 다시 당집을 짓기로 뜻을 모았다. 이렇게 새로 건물을 지어 제사를 올리며 신을 위로하고 극진히 모시자 궂은일도 없어지고 자손들 하는 일도 잘 풀렸다.

처음 한경면 고산리 수월봉에 올랐을 때, 너무도 아름다운 바다 풍광에 눈길이 사로잡혔다. 그러다가 한라산 방향으로 몸을 돌렸는데, 드넓은 평야 지대가 눈앞에 펼쳐져 발걸음을 멈칫 잊었다. '제주에도 이런 곳이 있었구나!' 하는 놀라움과 경이로움으로 가슴이 벅차기까지 했다. 제주섬에서 드물게 논농사가 이루어진 이곳 고산평야 가장자리에 뱀신을 모시는 차귀당이 있다.

쥐를 잡아먹고 곡식을 지키는 뱀을 신으로 모시는 신앙은 벼농사 지역에서 들어왔다. 토산 여드렛당 방울아기씨 역시 전라남도 나주 벼농사 지역에서 넘어왔는데, 본래의 권능을 잃고 여성의 순결을 지켜주는 신이 되었다. 하지만 차귀당의 뱀신 '법서용궁 유황용신'은 농경신의 권능을 잃지 않았으니, 논농사할 수 있었던 고산 평야에 좌정했기 때문이다.

한경면 고산리 차귀당은 옛 문헌에도 등장할 만큼 제주의 대표적인 신앙지이다. 조선 중종 때 간행한 『신증동국여지승람』에 "봄 가을로 남녀가 광양당 차귀당에 무리로 모이어 술과 고기를 갖추어 신에게 제사한다. 또 그 땅에 뱀 독사 지네가 많은데 만일 회색 뱀을 보면 차귀의 신이라 하여 죽이지 말라고 금한다."고 했다.

차귀당은 그 어느 곳보다도 부침이 심했는데, 민중의 수난 시기와 겹치고 있다. 1702년 이형상 목사가 제주의 신당 129개소를 파괴할 때 차귀당도 같이 불타 없어졌다. 하지만 이형상 목사가 물러난 뒤 차귀당을 비롯하여 대부분의 당이 복구되었다. 그러다가 1882년(고종19)에 제주시의 큰당인 내왓당과 함께 또다시 폐당되고 말았다. 이 해는 임오군란이 일어나는 등 정치적으로 혼란한 시기였는데, 유교 질서를 바로 세워 기강을 잡으려 했던 것이 아닐까 추정해 본다.

그런데도 마을 사람들은 차귀당을 다시 복구했지만 3만여 제주 도민들을 학살했던 4·3 사건 때 다시 파괴되고 만다. 이렇게 거듭되는 수난에도 불구하고 1993년 4월, 마을 사람들이 기어코 차귀당을 복원해 내었고, 오늘에 이르고 있다. 민중들에 의해 세워진 차귀당은 바람에 쓰러졌다 다시 일어서는 민초들의 생명력을 상징하고 있음이다.

차귀당이 위치한 당산봉에 오르면 바로 앞에 차귀도가 내려다보인다. 신화와 전설을 품고 있어 더욱 신비롭고 아름다운 섬이다. 차귀도라는 이름부터가 한라수호신인 광양당신이 제주의 혈을 끊고 돌아가는 고종달을 처단해 돌아가지 못하게 했다는 데서 붙여졌다. 또한 차귀도의 장군바위는 설문대할망 전설과 관련이 있다. 제주를 창조한 설문대할망이 오백 아들들을 위해 죽을 끓이다가 솥에 빠져 죽었는데, 이를 모르고 맛있게 죽을 먹었던 막내아들이 충격을 받고 달려와 차귀도의 장군바위로 굳어졌다고 한다.

한림읍 한수리 대섬밧당의 영등대왕

꽃샘추위가 매서운 음력 2월은 영등의 계절이다. 해녀와 어부들은 영등신이 차가운 바람을 몰고 오는 것이라 여기고 영등굿을 열어 한 해의 안전과 풍요를 기원하고 있다. 이 기간에는 워낙 물결이 거세어 물질하기도 힘들거니와 소라나 전복을 잡아도 속이 텅 비어 있다고 한다. 그러니 몸과 마음을 추스르면서 다 함께 신명을 올려보는 바람의 축제를 열게 되지 않았을까.

성은 황씨요 이름은 영등이 있었으니, 이승 사람도 아니고 저승 사람도 아니었다. 영등대왕이 용왕황제국에 들어가 동경국 애기씨하고 서정국 부인과 셋이서 놀고 있었다. 그때 한수리 고깃배가 풍파를 만나 외눈박이 땅으로 끌려가는 게 보였다.

"내가 저 사람들을 구해 주어야겠군."

영등대왕은 큰 암석 위에 앉아 있다가 고깃배와 어부들을 바위 아래로 숨겨주었다. 얼마 지나지 않아 외눈박이들이 큰 개를 데리고 달려왔다. 외눈박이들은 왕석 위에 앉아 있는 영등대왕한테 물었다.

"맛있는 먹잇감이 이쪽으로 왔는데 어디로 갔소?"

영등대왕이 태연하게 대답했다.

"나도 그놈들을 잡아서 먹으려고 기다리고 있는데 영 오지를 않네."

이에 외눈박이들은 다른 쪽으로 갔나 보다 하고 되돌아갔다.

영등대왕은 그제야 고깃배를 내어놓고 보제기(어부)들에게 말했다.

"어서 배를 타고 도망가거라. 뭍에 올라설 때까지 '가남보살 가남보살' 부르면서 가야 한다."

보제기들은 영등대왕이 시키는 대로 '가남보살'을 부르면서 열심히 노를 저었다. 그러다가 바닷가에 다다르자 이제 살아났구나 하면서 '가남보살' 부르는 걸 그만두었다. 그 순간 홀연히 강풍이 불더니 다시 고깃배가 외눈박이 땅으로 끌어가는 게 아닌가.

보제기들이 두려움에 떨면서 영등대왕한테 살려달라고 빌었다. 이에 영등대왕이 나타나 꾸짖으며 말했다.

"뭍에 올라설 때까지 '가남보살'을 부르라고 하지 않았느냐?"

"아이고, 살려줍서. 이번에는 잊지 않고 가남보살을 부르쿠다."

"알았다. 다시 한번 살려줄 터이니 영등달 초하룻날에는 나를 생각하여라."

영등대왕이 고깃배를 한수리 쪽으로 밀어주었다. 이번에는 어부들이 뭍에 올라설 때까지 '가남보살' 외는 걸 잊지 않았다.

외눈박이들은 영등대왕 때문에 좋은 먹잇감을 놓쳤다는 걸 알았다. 화가 난 외눈박이들이 달려들어 장도칼로 영등대왕을 세 토막 내서는 바다에 던져버렸다. 토막 난 영등대왕의 몸들이 바다에 떠다니다가 머리는 소섬(우도)에 떠오르고 두 발은 한수리 비끌물에 떠올랐다. 그리고 몸통은 성산으로 떠오르니, 섬 백성들은 바다에서 목숨을 구해 준 영등대왕을 기리며 제사를 올리게 되었다.

한수리에서는 음력 2월 초하룻날, 성산에서는 초닷새에 영등환영제를 올린다. 그리고 소섬에서는 2월 그믐에 영등송별제를 올린다. 영등대왕은 제사를 잘 받아먹고 고향에 가 있다가 일 년에 한 번 돌아오는 조상님이다. 소섬과 성산, 한수리에 각각 부인이 있다.

영등신은 2월 초하루에 한림읍 한수리로 들어왔다가 보름이 되면 우도를 거쳐 떠난다. 이 보름 동안 영등할망, 혹은 영등대왕은 제주 곳곳을 돌아다니며 밭에는 곡식의 씨앗을, 바다에는 소라, 전복, 미역 등의 씨를 뿌려준다. 음력 2월 초하루가 되면 한림읍 한수와 귀덕에서는 영등환영제를 열고, 영등신께 씨앗을 많이 뿌려달라며 풍요를 기원하고 있다.

처음으로 귀덕 영등환영제에 참가했을 때, 소문 난 잔치처럼 많은 사람들로 북적북적하고 흥겨움이 넘쳐났다. 마을에서 준비한 국수와 떡을 먹으며 굿을 보고, 행렬을 따라가며 동네 한 바퀴 구경도 했다. 동네 어른은 물론이고 아이들과 손님들까지 함께 어우러지니 그야말로 꽃샘추위를 날려버리는 바람의 축제였다.

그에 비하면 한수리 영등굿은 동네 단골들 위주로 조용히 치르는 제의였다. 해녀와 어부들이 심방의 주재에 따라 정성껏 제의 절차를 밟고 있었는데, 특히 마을 청년들의 열성적인 모습이 인상 깊었다. 거친 바다 일을 해내는 사람들의 치열함과 경건함을 동시에 느낄 수 있어 손님인 나 역시 숙연해지는 느낌이었다.

한수리 대섬밧당. 양옆으로 영등신위와 영감신위 비석이 있다.

한수리 해녀들이 물질을 나가는 대섬 바닷가 한쪽에 영등신을 모시는 대섬밧당이 있다. 옛날에 대나무가 많아 대섬이라고 부르는 이곳은 다리로 연결되어 해안가 한 귀퉁이처럼 보인다. 대섬밧당의 영등신위 옆에 영감신위 비석을 세워 도깨비 영감신도 같이 모시고 있다. 당 울타리 안에는 제단 한가운데로 실타래와 천들이 높게 쌓여 있어 독특했는데, 묘하게 영등바람신과 어울리는 모습이다.

07
애월에서 만난 당신

애월은 고려 후기 여몽연합군에 항거하다 제주에서 최후를 마감한 김통정 장군의 항몽유적지가 있는 지역이다. 그러한 역사적 배경 때문인지 김통정과 관련한 장수신 신화가 여럿 전승되고 있다.

또한 '송씨할망'이라는 여신들이 광범위하게 좌정하고 있는 지역이 바로 애월이다. 대부분 아이를 낳고 건강하게 키워주는 '산육 치병신'의 권능을 지녔다. 민속학자 문무병은 송씨할망을 송당계 신으로 본다. '소천국의 딸'이라고 하던 것이 고려 시대로 넘어오면서 차츰 성씨를 쓰게 되자 '송씨'로 부르게 되었을 것이라고 추정한다. 하가리 오당빌레할망당 본풀이도 송당의 백주또와 소천국을 거론하면서 이곳의 송씨할망이 송당에서 내려왔음을 밝히고 있다.

김통정을 처단한 고내리 큰당의 세 장수

김통정(미상-1273)은 고려가 원나라에 복속되는 것을 반대하고 삼별초를 결성해 저항하며 강화도와 진도를 거쳐 제주에 들어온 인물이다. 김통정이 제주 사람들의 삶에 끼친 영향이 컸던 탓일까. 그에 대한 이야기가 여러 신화로 전승되고 있는데, 대표적 서사가 애월읍 고내리 큰당 본풀이이다.

옛날 탐라국 시절에는 마소가 번성하고 농사가 풍년이라 살기가 좋았다. 이런 소문을 듣게 된 대국 천자국에서 김통정을 제주로 보내 상황을 알아보라고 지시했다.

김통정이 제주에 와서 보니 듣던 대로 소와 말이 번성하고 농사도 풍년이라 탐이 났다. 그래서 이 땅에 자리를 잡으려고 애월 항파두리에 토성을 쌓고 쇠문을 닫아 걸었다.

김통정은 탐라 백성들에게 빗자루와 재 닷 되를 바치도록 했다. 그러고는 재를 성 위에 뿌리고 말 꼬리에 빗자루를 달아 토성 위 둔덕을 달리게 했다. 그러자 성이 자욱한 재에 감추어졌다.

한편 천자국 황제가 아무리 기다려도 김통정이 오지 않아 황서, 을서, 병서 삼 장수를 보내서 잡아 오도록 했다. 삼 장수가 항파두리 성을 찾아왔으나 철문이 굳게 닫혀 안으로 들어갈 수 없었다. 그래서 하릴없이 주변만 맴돌고 있는데 애기업개(업저지)가 그 모습을 보고 웃으며 말했다.

"삼 장수가 잘도 어리석은게. 쇠문에 석 달 열흘 불을 질러봅서. 경허민 무쇠가 녹아내릴 거우다."

이에 삼 장수가 옳다구나 하면서 애기업개가 말한 대로 석 달 열흘 불을 지폈다. 그러자 마침내 쇠문이 녹아내렸다. 김통정이 부랴부랴 도망가면서 임신한 아내를 먼저 죽이고 무쇠방석을 관탈섬 쪽으로 던졌다.

김통정이 무쇠방석에 올라앉았는데 황서가 새로 변신하고 김통정 머리에 앉아 괴롭혔다. 을서는 바다 새우로 변신하고 김통정이 앉은 무쇠방석을 잡아당겼다.

무쇠방석이 흔들리고 머리 위 새가 어지럽게 하니 김통정이 이게 무슨 일인가 하고 고개를 들었다. 그 순간 목의 비늘이 젖히면서 틈이 벌어졌다. 이 틈에 병서가 재빨리 은장도로 비늘 사이를 찔렀다. 그러자 피가 솟구치면서 김통정의 숨이 끊어졌다.

을서는 김통정의 머리를 들고 천자국으로 돌아가고 황서와 병서는 이곳에 남기로 했다. 황서와 병서는 좌정할 곳을 찾아 한라산에 올라 활을 쏘았다. 그러자 화살이 날아와 고내오름에 떨어졌다.

황서와 병서가 고내오름에 가보니 용궁아기씨가 부모님께 불효한 죄로 귀양을 와 있었다. 두 장수는 용궁아기씨의 아름다움에 반해 청혼을 했고, 용궁아기씨는 황서와 혼인하여 오름허릿당에 좌정했다. 고내리 주민들은 삼 장수를 모시고 정월 초하루와 팔월 보름에 두 번 제를 올린다.

하루는 본향제를 지내고 있는데, 얼굴 좋고 완력 있는 세칫영감이 바다에 고기 낚으러 다녀오다 굿하는 것을 보았다. 세칫영감은 붕어눈을 부릅뜨고 삼각수염을 휘날리면서 마을 토지관이 자손을 괴롭게 한다고 소리를 질렀다.

"토지관이 별거냐? 내가 먼저 앉을 테니 내게도 제물을 바쳐라."

그 후에는 세칫영감을 위해서 따로 상을 마련해 놓게 되었다.

김통정 이야기는 전설 속에서도 만날 수 있는데, 탄생 비화부터 매우 흥미롭다.

"고려 때 한 과부가 살고 있었는데, 매일 저녁 아무리 문을 꼭꼭 잠가도 웬 남자가 들어와 자고 갔다. 과부는 동네 사람들의 조언에 따라 남자의 허리에 실을 묶어놓았다. 과부가 날이 새어 실을 따라가보니 노둣돌 아래에 있는 지렁이 허리에 묶여 있는 게 아닌가. 과부는 징그러운 지렁이가 또 찾아오면 어쩌나 해서 죽여 버렸다.

이후 과부의 배가 점점 불러오더니 아들을 낳았다. 사람들은 지렁이와 정을 통해 낳은 아이라 해서 '지렁이 진' 자를 써서 '진통정'이라 했는데, 차츰 비슷한 성씨로 바뀌어 김통정이 되었다. 아이의 몸에는 비늘이 나 있고 겨드랑이에는 자그마한 날개가 돋아 있었다.(……)"

바닷가에 자리 잡은 고내리 큰당.

이렇게 전설 속의 김통정은 '신이한 탄생'의 영웅 서사를 갖추고 있지만 신화에서는 전개되는 양상이 다르다. 고내리 큰당에 모시는 신은 김통정이 아니라 그를 잡아 죽였다는 '황서, 을서, 병서' 삼장군인 것이다.

박정희 군사정권은 삼별초와 김통정을 영웅화하고 그들이 저항했던 근거지인 항파두성을 성역화했다. 하지만 김통정에 대한 제주 백성들의 민심은 달랐다는 것을 신화를 통해 짐작할 수 있다. 삼별초와 여몽연합군과의 싸움에서 새우등이 터지는 격으로 백성들의 고초가 매우 심했기 때문이리라. 그래서 제주 사람들은 애기업개를 등장시켜 김통정을 죽음으로 몰고 간 것이 아니었을까.

신화 연구가 강순희는 고내리 큰당 본풀이를 문화소로 해석하면서, 비늘이 있는 김통정을 '큰 물고기, 대어(大漁)'로 의미를 확장했다. 대국천자국에서 온 김통정은 '먼 곳에서 오는 이동성 대어류'로, 삼 장수가 김통정을 처단하는 서사는 어부가 고기를 잡는 과정으로 해석했다.

고내리는 전형적인 어촌 마을로 어부들은 바다로 나아가 고기를 잡으며 살아왔다. 거친 바다와 싸우며 고기를 잡는 과정은 목숨을 내놓은 전쟁과도 같았을 것이다. 그리하여 자신들의 어로 작업을 서사 속 전투의 장면으로 녹여내었을지도 모른다. 김통정을 잡아 죽인 장군들에 감정이입 하면서 대어를 잡는 꿈을 꾼 것이리라.

본풀이 말미에 등장하는 세칫영감에 대하여 재미있는 일화가 따로 전해지고 있다. 세칫영감은 고내리 주민들이 가혹한 세금 징수로 굶어 죽게 되자 자신의 유일한 재산인 배 한 척을 짊어지고 성안으로 향했다. 그런데 배가 성문에 걸려버렸고, 구경꾼들이 몰려들었다. 문지기는 목사에게 고내리 어부가 더 이상 세금 낼 것이 없어 배를 통째로 바치겠다고 짊어지고 오다 사달이 났다고 보고했다. 목사는 세칫영감의 배포에 감탄하고, 통인들에게 앞으로는 고내리 어부들에게 세금을 거두지 말라고 명을 내렸다. 이에 마을 사람들은 두고두고 고마워하면서 그가 죽은 후 신으로 모시게 되었다고 한다.

금성리 개똥밧당 칠성신

집에서 모시는 칠성신은 잘 모시면 부자로 잘살게 해주지만 대접을 소홀히 하면 재앙을 주는 뱀신이다. 칠성신은 집안의 곡식 창고인 고방에 모시는 '안칠성'과 뒤뜰 장독대 옆에 모시는 '밧칠성'이 있다. 제주에서는 명절이나 제사 때 간단하게 제물을 차려 칠성신께 올리면서 항아리마다 곡식이 가득 차게 해달라고 기원했다.

옛날 김훈장이 육지에 다니면서 옹기 장사, 갓양태 장사를 했다. 김훈장은 강원도 태백산을 거쳐, 황해도 월출산, 전라도 지리산을 두루두루 다니다가 아기씨를 만났다.

아기씨가 김훈장에게 넌지시 제안했다.

"나를 잘 사귀면 좋은 일이 있을 것이다. 오곡밥, 수수떡에 고기를 대접해 주면 장사 잘되게 해주마. "

김훈장이 그 정도면 어렵지 않다며 아기씨 요구대로 모두 사 먹였다. 그러자 장사가 잘되어 김훈장이 기분 좋게 제주로 돌아가게 되었다.

아기씨가 김훈장에게 자기도 데려가라고 했다. 김훈장이 딱한 마음에 허락을 했지만 막상 데리고 가려 하니 부담스러웠다. 그래서 몰래 혼자 배에 올랐는데, 아기씨가 떡하니 앉아 있는 게 아닌가.

아기씨가 김훈장을 보고 호통을 쳤다.

"내 덕분에 장사가 잘 되었는데 어찌하여 은혜를 모른 체하느냐?"

"아이고, 잘못했습니다."

김훈장이 용서를 구하니 그제야 아기씨가 누그러지며 말했다.

"나를 너희 집 고방으로 모셔라."

김훈장은 아기씨를 고방에 좌정시키고 정성껏 모셨다. 그러자 하는 일마다 잘 풀리면서 삽시간에 부자가 되었다. 그로부터 집안 대대로 아기씨를 칠성으로 위했다. 세월이 흘러 집을 헐어버리게 되자 동네 사람들은 대나무 울타리 복숭아나무 아래로 아기씨를 모시고 선왕신으로 위했다.

아기씨는 어부가 바다에 나가면 달리는 고기도 그물에 걸려들게 해주었다. 낚시를 할 때도 낚싯줄에 날개를 달아주어 나는 고기도 잡을 수 있었다. 해녀들이 물질을 가면 듬북이며 해삼이며 소라 성게를 망살이에 가득가득 채우게 도와주었다.

행여 아기씨를 잘 모시지 않으면 달리는 고기 나는 고기 다 놓치고, 해삼 전복 미역이 씨가 마른 듯 걸려들지 않았다.

애월읍 금성리는 한라산을 등지고서 드넓은 바다를 품고 있는 마을이다. 구한말 농가 부업으로 양잠을 해서 비단을 짰기 때문에 비단 금(錦)을 쓰고, 양옆으로 곽지와 귀덕마을이 성처럼 감싸고 있

마을 안으로 쑥 들어앉은 금성리 바닷가.

어 금성리라는 이름을 쓰게 되었다.

마을 면적은 옆 마을 곽지의 반 정도밖에 되지 않지만 하천이 발달해 있고 산물이 풍부하여 곡창지대를 이루었다고 한다. 멸치 떼가 마을 앞 바다를 뒤덮을 정도였고, 해녀들의 물질도 활발했다는 기록이 있다.

한 집안의 수호신이었던 칠성신은 점차 마을의 어부와 해녀들의 생업을 지켜주는 선왕신이 되었다. 아마도 칠성신을 모시고 있던 집안이 대대로 부유하게 잘사는 걸 보고 마을 사람들이 이를 본보기 삼아 바다를 수호해 주는 선왕신으로 모시게 된 것이리라.

개똥밧당 신화가 전해 오는 금성 마을을 찾았다. 마을 길 여기저기를 기웃거리다 한 아주머니께 개똥밧당의 위치를 여쭈었다. 그런데 운 좋게도 그분이 바로 개똥밧당이 있는 집터의 주인이었다.

부자가 되게 해주는 칠성신을 잘 모신 덕일까. 시부모로부터 물려받았다는 당 주변의 너른 집터와 아래, 위로 지어놓은 주택이 제법 형편이 좋아 보였다. 아주머니는 윗집은 큰아들네한테, 아랫집은 작은 아들네한테 물려주려 하는데, 두 아들 내외 모두 곧 자식을 낳을 예정이라며 뿌듯한 마음을 감추지 못했다.

신화를 정리하면서 왜 당 이름이 '개똥밧당'인지 내력이 궁금했다. 개똥이 많았나? 아니면 개똥참외가 많이 있는 밭이었나? 나의 질문에 지인이 이렇게 해석을 내렸다. 개(바다)의 동쪽에 있는 밧(밭)이란 의미로 개동밧당이라 했는데, 발음을 편하게 하면서 개똥밧당이 된 게 아니겠냐고. 길 건너에 안마당처럼 푸근한 바다가 펼쳐져 있으니 그럴듯한 풀이였다.

애월읍 상가리 큰신머들 하르방당

애월읍 상가리와 하가리는 고려 시대부터 화전민이 모여 살기 시작하면서 형성된 마을이다. 중산간 지역이면서 곳곳에 빗물이 고여서 이루어진 봉천수가 있어 유랑민이 정착하기에 알맞은 곳이었다고 한다. 하가리 더럭초등학교 옆에 있는 고내봉 중턱에 웅장한 바위를 신체로 한 큰신머들 하르방당이 있다. 이름대로 큰신들이 모여 좌정하고 있는 당이다.

나무와 풀을 베어다 팔면서 사는 가난한 초립동이가 삼태기를 엮는 정동(댕댕이덩굴)을 걷으러 산에 올랐다. 초립동이는 한참 일을 하다 배가 고파 들고 간 수수 범벅을 꺼내 먹었다. 그때 산신백관이 나타나 초립동이가 먹고 있는 걸 보면서 입맛을 다셨다.

"너, 먹는 게 뭐냐?"

"맛 하나 없는 수수 범벅이우다."

"맛이 있고 없고는 먹어봐야 알겠다. 이리 줘봐라."

초립동이가 수수 범벅 한 조각 떼어내 산신께 건네주었다. 산신백관이 맛을 보니 그런대로 먹을 만했다.

"네가 사는 곳에 가면 이런 음식 먹을 수 있느냐?"

"좋은 음식을 먹기는 어려워도 이 정도는 먹을 수 있수다."

"그러면 나도 같이 가겠다. 앞장서거라."

산신백관은 초립동이를 따라 길을 나섰다.

초립동이를 따라 내려온 산신백관은 마을 근처 고내오름에 올라 좌정할 곳을 마련했다. 그런데 아무리 기다려도 나쁜 음식이든 좋은 음식이든 대접하는 인간 백성이 없었다.

산신백관이 크게 실망하여 초립동이를 불렀다.

"이놈아, 네가 살고 있는 마을에 가면 수수 범벅 정도는 얻어먹을 수 있다고 하지 않았느냐? 아무리 기다려도 내게 음식을 대접하는 인간이 없으니 어찌 된 일이냐?"

초립동이가 고개를 절레절레 흔들었다.

"아무리 신이라고 해도 가만히 앉아만 있으면 누가 알아줍니까? 무쇠 활에 무쇠 화살을 걸어서 동서남북 동네 어귀에 쏘아봅서. 활을 맞은 자손이 병이 나고, 사는 게 불편해야 신을 찾아 모실 거 아니우꽈."

산신백관이 초립동이의 말을 듣고 보니 그럴듯하여 무쇠 화살을 동서남북으로 마구 쏘았다. 그러자 누구는 아파 드러눕고, 누구는 하던 송사가 틀어지고, 또 폭우가 쏟아져 하던 농사 다 망쳤다. 이렇게 좋지 않은 일이 계속해서 벌어지자 마을 사람들이 근심에 싸여 하가리 여신 송씨할망에게 여쭈었다.

"어찌하여 우리 마을에 변고가 끊이지 않는 것입니까?"

송씨할망이 혀를 차면서 말했다.

"산신백관이 당 동산에 좌정하고서 제대로 대접하지 않았다고 심통을 부리는 것이다."

마을 사람들이 그제야 부랴부랴 음식을 장만하고 산신백관에게 달려가 제사를 올렸다. 그러자 아픈 자손들 병이 좋아지고, 궂은일도 싹 사라졌다.

산신백관님이 좋은 곳에 좌정했다는 소문을 듣고 고려 장수 을서님과 병서님이 구경을 왔다. 을서님과 병서님이 큰신머들 주변을 둘러보니 뒤로는 한라산이 멀찍이 물러서고, 앞으로는 시원하게 바다가 펼쳐져 있어 명당 중의 명당이었다.

"산신백관님, 저희도 함께 좌정해서 당제를 받게 해주십시오."

산신백관은 기꺼이 두 신을 받아들여 앞쪽으로 좌정하게 했다.

소문을 듣고 천연두의 신 세제동궁도 달려와 같이 좌정할 수 있게 해달라고 사정했다. 산신백관은 세제동궁을 서쪽으로 좌정할 수 있도록 했다. 그뿐만 아니라 초립동이도 좋은 자리로 인도한 공로를 인정하여 한 자리 마련해 주었다.

단골들은 제를 지낼 때 흰 쌀밥과 술잔과 제물을 한 그릇에 올린다. 그리고 당에 가기 전에는 돼지고기를 먹지 않는다. 이 당은 영기가 세서 앞을 지나갈 때 말을 타고 가면 말의 발이 절어 버리니 누구든 내려서 걸어가야 했다.

산신백관은 사냥을 하며 한라산을 누비던 이른바 큰신이다. 사

송씨할망이 좌정하고 있는 하가리 오당빌레할망당.

냥꾼들은 사냥을 하면 먼저 피를 빼서 산신께 올리며 사냥을 허락해 준 데 대한 감사의 마음을 전했다. 그러나 수렵의 시대가 이미 저물었으니 산신백관의 처지는 궁색해졌다. 제를 올리며 대접해 주는 사냥꾼들이 사라진 것이다. 그리하여 신께서 신앙민을 찾아 떠돌아다니는 신세가 되었다.

고내봉 큰신머들 하르방당 입구 표지석.(사진: 김일령)

산신백관은 가난한 초립동이한테 수수 범벅을 얻어먹고, 이런 음식이라도 대접받을 수 있다는 말에 민가로 내려온다. 고려 말의 장수신인 을서와 병서, 천연두의 신 세제동공도 떠돌아다니다 이곳에 찾아들었다. 이렇게 저렇게 '큰신'들이 모여들어 '큰신머들 하르방당'이 되었는데, 대접이 예전만 못해 거동들이 짠하다.

고내봉 중턱에 있는 큰신머들 하르방당은 상가리와 하가리 주민들이 단골이다. 늙은 팽나무들이 인상적인 하가리 마을 길을 걸어 내려오면 제주에서 가장 크다는 연화못에 다다른다. 그리고 바로 옆에 있는 더럭 초등학교 건너편에 고내봉이 자리하고 있다. 고불고불 오솔길을 걸어 올라가다 보면 고내봉 중턱의 거대한 바위가 먼저 눈길을 사로잡는다. 바로 큰신머들 하르방당의 신석이다.

'머들'은 돌무더기를 말하는 제주어인데, 큰신머들 하르방당의 신석은 돌무더기 수준이 아니라 거대한 바위더미인 셈이다. 거대한 신석의 모습으로 좌정하고 있는 큰신께 절을 올리고 뒤로 돌아서는 순간 아연 눈앞에 펼쳐지는 아스라한 풍경에 절로 감탄사가 터져 나온다. 멀리 바다에 이르기까지 드넓은 풍경이 한눈에 들어오니, 이곳이 왜 신의 자리로 낙점되었는지 절로 깨닫게 된다.

유수암당의 김장수

유수암 마을은 김통정이 삼별초 군을 이끌고 들어와 항파두성을 쌓아 올렸던 상귀 바로 옆에 자리 잡고 있다. 이러한 배경 때문인지 유수암당에서 모시는 신 또한 김통정을 연상시키는 장수신이다.

김장수 시절에 고내오름에 굴레를 벗은 말이 하나 있었다. 이 말이 어찌나 날랜지, 밭의 곡식을 모두 먹어 치워도 잡지를 못했다. 하루는 김장수 꿈에 산신대왕 산신백관이 나타나서 말을 했다.

"이리저리 하면 고내오름에 있는 굴레 벗은 말을 잡을 수 있을 것이니 그 말을 잡아 타보아라. 그러면 알 도리가 있을 것이다."

김장수가 산신대왕이 일러준 대로 하여 마침내 그 말을 잡을 수 있었다. 말은 한번 올라타면 순식간에 제주 삼읍을 돌아 나올 정도로 용맹했다. 김장수는 이 말을 매우 아끼면서 항상 타고 다녔다.

그러던 중 왜놈들이 쳐들어와서 마을의 재물을 약탈하고 여인들을 겁탈했다. 김장수는 제주목사한테 사령들을 빌려왔다. 그러고는

중산간에 위치하면서도 용천수가 풍부한 유수암 마을.

노꼬메오름 뒤에 숨었다가 왜놈들이 들어서자 달려들어 모조리 결박했다. 김장수가 제주목사한테 왜놈들을 끌고 가자, 나라에서 큰 상금과 벼슬을 내렸다.

김장수는 산신대왕 산신백관을 위하여 유수암당을 설립했다. 마을 사람들도 정성으로 유수암당의 신을 모셨다. 영천 이목사 시절에 이 당집에 불을 질러버리는 일이 있었지만 다시 살려내 지금까지 대대손손 섬기고 있다.

유수암은 해발 250미터의 고지대에 위치한 애월읍의 중산간 마을이다. 한라산 자락에 자리 잡고 있어 이 지역에는 궷물오름, 노로오름, 알오름, 큰노꼬메, 작은노꼬메 등 크고 작은 오름들이 자리하고 있다.

이 마을은 삼별초를 이끌던 김통정과 이런저런 인연을 맺고 있다. 유수암은 마을 이름에 물 수(水)가 들어 있는 것처럼 용천수가 풍부했고, 삼별초가 이곳의 용천수를 식수로 사용했다.

삼별초군이 근처 항파두성에 웅거할 때 함께 따라 들어온 고승이 지금의 유수암 절동산 아래 샘물을 발견하고 이곳에 조그만 암자를 지어 '태암감당'이라 이름을 붙였다. 항파두성이 함락되고 김통정이 최후를 맞이할 때 그의 어머니가 이곳 유수암에 피신하여 흙집을 짓고 살다가 여생을 마쳤는데, 이것이 마을의 시초라는 기록도 있다.

유수암의 설촌 영웅 홍좌수

김장수가 등장하는 유수암당은 현재 폐당되어 위치만 가늠할 수 있다. 그에 비해 유수암의 설촌 조상을 모시고 있는 거문데기 하르방당은 비교적 잘 보존되고 있다. 특히 이 당에 전해 오는 본풀이에는 설촌 조상에 대한 고마움과 자부심이 가득 담겨 있다.

유수암 마을을 세운 홍좌수는 어릴 때부터 우김이 세고 기백이 넘쳤다. 홍좌수가 장성한 후에는 제주목사와 대거리를 할 정도로 호탕했다.

홍좌수가 하루는 꿈을 꾸었는데, 백발노인이 나타나 말을 했다.

"나는 이 마을을 지키는 송씨 영감이다. 나에게 좌정할 곳을 마련해 주고 정성으로 섬기면 그만한 대가가 있을 것이다."

홍좌수가 꿈에서 깬 후 마을 사람들을 불러모아 의논을 하고 백발노인을 신으로 모시기 시작했다. 그러자 마을이 날로 번성했고, 홍좌수도 천하 거부로 잘 살았다.

유수암 거문데기 당오름밧 하르방당.

그러자 해안 쪽 사람들이 잘살고 있는 홍좌수를 시기했다. 그래서 홍좌수를 없애버리기로 모의를 하고 은밀하게 계획을 짰다. 그날 밤 백발노인이 다시 홍좌수의 꿈에 나타나 아무 날 아무 시에 위험한 일이 닥칠 것이니 이리저리 대비를 하라고 일러주었다.

날이 밝자 홍좌수가 제주목사에게 달려가 사령 예닐곱 명을 빌려왔다. 그러고는 사령들에게 밤낮을 번갈아 가며 집 주변을 지키게 하니 아무도 감히 침범하지 못했다.

이후 마을은 대대손손 자손이 불어나 더욱 번성했다. 마을 사람들은 본향당에 가서 제를 올릴 때 홍좌수의 업적도 같이 칭송하면서 자손들이 그 공로를 잊지 않도록 했다.

유수암 마을은 조선 시대 초기 지방 토호의 한 사람이었던 좌수 홍덕수에 의해 번성을 이루었다고 한다. 홍좌수가 주변 사람들을 모아 유수암으로 이주시키고, 자신도 식솔들과 노비들을 이끌고 들어와 살았다고 하니 서사는 실제 있었던 설촌 역사인 셈이다.

일제강점기에 마을 이름들을 한자로 죄다 고쳐놓으면서 유수암리도 금덕리로 바뀌었다. 그러다가 1995년 옛 지명 찾기 운동이 벌어지면서 '유수암'이란 마을 이름을 되살렸다. 마을을 일으킨 조상과 고향에 대한 자부심이 있었기에 가능했던 것이리라.

유서 깊은 마을 유수암에 가면 길목마다 늙은 팽나무가 웅장하면서도 푸근한 모습으로 길손을 반겨준다. 유수암(流水岩)이란 마을 이름처럼 한라산 깊은 땅 속으로 흘러든 용천수가 바위틈으로 맑게 솟아오른다. 야트막한 담장으로 기꺼이 정원의 예쁜 풍경을 내어준 집주인의 인심에 감사하게 되는 마을이 바로 유수암이다.

ALLIANCE

08

신들의 군웅할거, 제주시

제주시는 통치의 중심인 조선 시대 목관아가 있던 지역으로, 문물의 교류가 가장 활발했다. 변화의 물결 속에 목관아가 있던 성문 안은 전통 신앙의 성소가 사라지다시피 했다. 하지만 다행스럽게도 가장자리로는 여전히 신당과 함께 신화가 풍부하게 전승되고 있다.

신화 속에서 만날 수 있는 신들의 면면도 다채롭다. 마을 당신들의 대표적 계보인 송당계 아들들도 여섯이나 있고, 하늘옥황 천지왕의 아들인 대별왕과 소별왕이 당신으로 좌정하고 있는 곳도 이 지역뿐이다. 은기선생 놋기선생이라는 그릇의 신격화도 독특하고, 뱀신과 미륵신도 한 자리씩 차지하고 있다.

표석으로 남아 있는 광양당의 탐라 수호신

광양당신은 한라산신이며 비와 바람의 신이다. 또한 제주섬을 지키는 탐라수호신이기도 하다. 제주 사람들은 광양당신을 모시고 해마다 당굿을 열어 풍농과 풍어를 기원했다.

광양당은 1702년에 제주에 부임한 이형상 목사가 신당들을 대대적으로 파괴할 때 폐당되었다. 이형상 목사가 임기를 마치고 돌아간 후 대부분의 신당이 복구되었지만 광양당은 끝내 되살리지 못했다. 그나마 다행인 것은 표지석을 세워놓아 위치를 가늠할 수 있고, 광양당신의 영웅 서사도 전승되고 있다는 점이다.

광양당신은 송당 백주또와 소천국의 네 번째 아들이다. 광양당신이 어려서부터 장난이 심하고 버릇이 없어 부모님 눈 밖에 났다. 소천국은 아들을 버리기로 작정하고 말 잔등에 태워 한라산으로 올라갔다. 소천국은 한라산 꼭대기 상상봉에 올라 아들을 태운 채로 말에게 채찍을 휘둘렀다.

채찍을 맞은 말이 놀라 겅중 한라산 아래로 뛰어내렸다. 말은 허공을 가로질러 제주 앞바다 관탈섬에 내려섰는데, 아들이 바닷물 속으로 풍덩 떨어져 버렸다.

그때 마침 용왕이 언뜻 잠이 들었는데 청룡황룡이 용궁 위로 얽어지는 꿈을 꾸었다. 잠에서 깬 용왕이 아무래도 이상하다 생각하고 딸들을 내보냈다.

"산호수 윗가지에 어떤 도령이 걸려 있습니다."

웬 도령이 산호수 가지에 걸려 있다는 보고에 용왕은 딸들에게 나가서 도령을 내려오게 하라고 시켰다. 큰딸이 나가 도령을 내리려고 해도 꿈쩍도 하지 않았다. 둘째 딸도 마찬가지여서 마지막으로 셋째 딸이 나섰다.

셋째 딸은 산호수 맨 아래 가지를 발로 톡톡 건드렸다. 그러자 윗가지에 걸려 있던 도령이 풀썩 아래로 뛰어내렸다.

용왕은 셋째 공주를 따라온 도령에게 물었다.

"어디서 온 뉘시오?"

"저는 조선나라 제주 땅에 살고 있는데 외나라에 난이 일어났다 하여 이를 평정하러 가는 길입니다."

용왕은 도령이 영웅호걸이 분명하다고 생각하고는 셋째 딸의 배필로 삼았다.

도령이 사위 대접을 받으며 사는데 하는 일 없이 얻어먹기만 하니 머리가 자꾸만 벗어지는 듯했다. 도령은 용왕께 공부를 더 해야겠다는 뜻을 전하고는 용궁 밖으로 나왔다. 도령은 그 길로 서천서역국 절당에 가서 연 삼 년 공부하고 아버지에게로 돌아갔다.

소천국이 아들을 맞이하면서 말했다.

"너는 큰 데 가서 공부를 잘하고 돌아왔으니 전국을 차지하라."

이리하여 넷째 아들은 광양당을 차지하고 제주 성안 사람들을 돌보았다. 광양당은 센 당이어서 제주목사가 부임을 하면 먼저 가서 신고를 하고 제를 올려야 아무 탈 없이 지내다 갈 수 있었다. 만약 백성들이 정성을 다하지 않으면 광양당신이 노하여 비바람을 일으켰다.

광양당 본풀이는 송당계 다른 아들들의 서사와 유사하다. 하지만 광양당신이 부모로부터 버려지는 장면은 장쾌하기 이를 데 없다. 보통 송당의 다른 아들들은 부모가 쫓아낼 때 무쇠상자에 담아 바다로 던져버린다. 그런데 광양당신은 말 잔등에 태워져 한라산 꼭대기로 올라갔고, 말이 관탈섬으로 뛰어내리는 와중에 바다로 떨어지는 장면을 연출한다.

광양당신은 대정의 광정당신, 정의 선왕당신과 함께 제주를 침탈하는 세력을 처단하는 탐라 수호신이다. 제주섬을 왁왁하니 어둡게 하는 김통정을 죽여 없앴고, 제주의 물과 혈을 끊고 돌아가는 고종달의 배를 차귀섬 바다에서 침몰시켰다.

하지만 광양당은 이형상 목사에 의해 파괴된 후 끝내 복원되지 못했다. 정신적 지주 역할을 했던 광양당이 사라졌으니 백성들의 상심이 매우 컸던 모양이다. 광양당을 파괴했을 당시 사람들의 민심이 어떠했는지 알려주는 기록이 있다.

제주도 판관으로 부임했던 남구명 선생의 『우암선생문집』에 광양당과 관련한 내용이 나온다. 성안의 남녀노소 수백 명이 대열을 짓고 들어와 광양당에 제사를 올리게 해달라고 간청을 했다는 것이다.

> (……) 일전에 (광양당을) 부수고 태워 버린 뒤로 지금까지 십 년 동안 물 가뭄 바람 서리의 재앙이 없는 해가 없었는데, 지난해가 극심했습니다. 대흘리에 한 여자 심방이 있는데 (……) 얼마 전에 광양신이 그의 몸에 내려와서, 금년에도 만약 제사를 하지 않으면, 나는 장차 큰 우레와 비를 내리고 바람으로 도민을 모조리 없애고 나서야 그만 두겠다고 말했다 합니다.

우암 선생은 유학자답게 이치를 들어가며 심방의 주장이 허황되다는 걸 장광설로 설득했다. 그러면서 "삼 일이 지난 뒤 목에 재를 바르고 귀에 살을 매달아 조리돌렸다."고 하는 것으로 보아, 누추한 행색의 여자 심방을 옥에 가두었다가 목을 벤 것으로 보인다.

광양당신은 제주의 자연을 대표하는 신성이라 할 수 있다. 그러니 『우암선생문집』에 실린 재난의 상황은 자연의 신성을 침범하고 파괴했을 때 어떤 상황이 펼쳐지는지 보여주는 기후위기의 예고편이 아니겠는가.

제주시 삼도동 각시당의 별공주아기씨

아기를 점지해 주고 건강하게 키워주는 산육신들은 대개 7일에 제를 지내기 때문에 '일뤠중저'라고 하거나 '서당국서', '불도할망' 혹은 '삼승할망'이라고 부른다. 용궁에서 바다 건너 들어온 용왕의 셋째 딸과 하늘에서 귀양 내려온 옥황상제의 셋째 딸이 제주의 대표적인 산육신이다. 제주시 삼도동 각시당에는 하늘에서 내려온 옥황상제 셋째 딸이 불도로 좌정했는데 귀양을 내려올 때의 행색이 눈길을 끈다.

옥황상제 셋째 딸 별공주아기씨가 부귀영화를 누리고 살면서 아랫사람을 제대로 챙길 줄 몰랐다. 많은 궁녀의 시중을 받으면서도 물밥을 주지 않으니 굶어 죽는 이들까지 생겨났다.

옥황상제가 보다 못해 셋째 딸을 불러들이고 호령을 했다.

"너는 귀한 생명들을 보살피지 못했으니 하늘옥황에 있을 자격이 없느니라."

별공주아기씨가 눈물로 용서를 구했으나 소용이 없었다.

"때는 이미 늦었다. 지금 당장 머리를 깎아 송낙을 써라. 베포장삼을 둘러 입고 백팔염주 목에 걸어 인간 세상으로 귀양정배 가거라."

별공주아기씨가 머리를 깎아 송낙을 쓰고 백팔염주 목에 걸어 인간 세상으로 내려왔다. 여기저기 둘러보니 남문골 백성들의 인심이 좋을 듯했다. 별공주아기씨는 남문골 청죽 갈대밭에 불도할망으로 좌정했다.

별공주아기씨는 상단골, 중단골, 하단골의 꿈에 나타나 계시를 주었다.

"나는 옥황상제 셋째 딸로서 궁녀들 천대한 죄로 귀양을 내려왔다. 이곳을 각시당이라 부르고 잘 위하도록 하여라."

단골들이 쌀을 씻어 밥이며 떡을 짓고 감주에 달걀 안주로 상을 차려 정성으로 제를 올렸다. 이에 불도할망이 별처럼 예쁜 아기들을 점지해 주었다.

하루는 불도할망이 다시 상단골 꿈에 나타나 말했다.

"성안이 부정하고 부정하다. 당장 남문 밖으로 옮겨 가겠다."

그리하여 각시당을 남문 밖 팽나무 아래로 옮기게 되었다.

옥황상제 셋째 딸이 귀양을 내려오는데, 머리를 깎고 염주를 거는 등 출가한 스님의 행색을 하고 있다. 불도로 좌정했다는 구절까지 있으니 무속의 신이 불가로 출가한 셈이다. 어찌하여 무속의 신이 스님의 행색을 하고 불도가 되었다고 공공연히 드러내고 있는 것인가. 저간의 사정을 한 번 헤아려 보았다.

주택가 골목 한 귀퉁이에서 긴 세월 자리를 지켜온 각시당 신목 팽나무.

불교라는 외래 종교가 들어와 자꾸만 세력을 넓혀 오니 전통 신앙인 무속의 형편이 어려워졌으리라. 물밥을 주지 않아 궁녀들이 굶어 죽었다고 할 만큼 사정이 녹록지 않았다. 그래서 옥황상제가 셋째 딸에게 머리를 깎고 백팔염주 목에 걸게 해서 출가를 시킨 것이다. 자꾸만 국토를 넘보는 신흥 강대국에 공주를 보내 정략결혼을 시키는 것처럼 말이다. 공주는 불교로 출가한, 그러니까 시집간 새색시가 되었다. 그래서 이름도 각시당이다.

하지만 각시당은 성 밖으로 밀려났다. 목사가 거주하고 있는 성 안은 유교의 통치력이 강하게 미치는 곳이었고, 그런 만큼 무속의 당이 버티기 힘들었을 것이다. 각시당의 처지는 외곽으로 밀려나는 비주류의 고난을 떠올리게 한다. 별공주아기씨가 성 밖으로 자리를 옮기면서 '부정하고 부정하다'고 했는데, '아니꼽고 아니꼽다'는 푸념처럼 들린다.

현재 남성마을 골목 한 귀퉁이에 남아 있는 각시당에는 늙은 팽나무가 위태롭게 서 있다. 나무를 둘러싼 주차장은 개인 소유라서 표지석 하나 세울 수 없다고 한다. 그런 얘기를 들으니 시멘트로 지탱하고 있는 신목 팽나무가 더욱 안쓰럽게 느껴졌다.

각시당을 밀어낸 성안 마을, 이른바 구도심 역시 각시당과 사정이 다르지 않다. 안과 밖을 갈라 통치에 걸리적거리는 것들을 밀어냈던 성담은 헐려 산지항 부두를 만들 때 매립되었다. 성안은 이제 쇠락의 길을 걸어 구도심 공동화라는 문제를 안고 있다. 목사또가 호령하던 목관아도 입춘굿 때나 활짝 열려 떠들썩할 뿐 평소에는 있는 듯 없는 듯 스쳐 지나가는 곳이 되었다. 최근 구도심을 살리기 위해 많은 사람들이 애쓰고 있는데, 자연과 풍속과 예술이 어우러진 원심으로 거듭나기를 기대해 본다.

용연 냇가 궁당에 자리 잡은 다산의 여신들

궁당은 제주시 용담동 사대부속고등학교 강당과 본관 사이 나지막한 동산에 자리 잡고 있다. 궁당에 좌정하고 있는 중전대부인은 아기를 낳게 해주는 불도할망이고, 중전대부인과 처첩 사이인 정절상군농은 육아와 피부병을 관장하는 신이다. 그런데 아기를 일곱이나 낳은 정절상군농이 당 바깥으로 나앉아야 했는데, 그 연유는 돼지고기와 관련이 있다.

서천 서역서 들어온 상사대왕의 큰부인은 중전대부인이고, 작은 부인은 정절상군농이다. 정절상군농이 일곱 아기를 가졌을 때의 일이다. 한 달 두 달 배가 불러올수록 돼지고기가 무지무지 먹고 싶었다. 하지만 돼지고기를 먹는 것은 부정한 일이라 참고 또 참았다.

어느 날 정절상군농이 돗통시에 갔다가 돼지를 보니 더는 참을 수 없었다. 그래서 돼지털을 하나 뽑아 불에 그슬려 냄새를 맡았는데, 먹은 듯 만 듯했다.

상사대왕이 방으로 들어오다가 동경내를 맡고 얼굴을 찌푸렸다.

"어찌하여 방 안에서 동경내가 나느냐?"

"하도 돼지고기를 먹고파서 돼지털 하나 뽑아 불에 그슬려 냄새를 맡았습니다."

정절상군농의 대답에 상사대왕이 벌컥 화를 내었다.

"양반의 부인이 이리 부정하다니! 당장 밖으로 나가시오."

상사대왕은 작은부인만 내칠 수 없어서 본처인 중정대부인까지 함께 내보냈다.

궁당으로 나가 불도로 좌정한 중전대부인은 단골들에게 아들 딸 점지하고 잘 키우도록 해주었다. 중전대부인은 흰쌀밥에 백시루떡, 청감주에 푸른 채소 반찬을 받는다. 정절상군농은 궁당 바깥으로 나앉아 일곱 아기를 낳았다. 단골들은 정절상군농에게 따로 돼지고기를 올렸다.

제주에서는 예로부터 집마다 돼지를 많이 키웠다. 고기를 먹기 위해서가 아니라 농사짓는 데 꼭 필요한 퇴비를 얻기 위해서였다.

사람들은 통시 안에 짚을 두툼하게 깔아놓았고, 돼지의 분뇨와 섞여 거름이 되도록 했다. 그렇게 나온 통시의 거름은 농사짓는 데 유용하게 쓰였다. 『제주생활사』를 쓴 고광민은 집에 세 든 사람이 있으면 마당의 또 다른 쪽에 통시를 만들어 주었다고 한다. 세 든 사람도 농사를 지어야 먹고 사니 퇴비를 만들 수 있게 한 배려였다.

이렇게 집마다 통시가 있었으나 사람들은 마을 잔치나 초상이 났을 때야 돼지고기를 맛볼 수 있었다. 고기를 썰어 나누는 도감은 돼지고기를 얇게 썰어 한 접시에 딱 석 점씩 내놓았다. 행여나 분배를 잘못하여 고기가 부족하면 욕을 먹었으니 도감은 최대한 얇게 썰어 먹지 못하는 사람이 없도록 심혈을 기울였다.

평소 고기 맛을 보지 못하는 사람들에게 어쩌다 먹어보는 돼지고기 석 점은 돼지털을 그슬려 냄새 맡는 것만큼이나 먹은 듯 만 듯했을 양이다. 아니 먹은 것보다야 나았겠지만 회가 동해서 더욱 극심한 허기를 느꼈으리라.

당본풀이에는 부인이 혹은 남편이 고기를 먹었다는 이유로 아랫자리로 내려앉거나 바깥쪽으로 쫓겨나는 서사가 많다. 고기를 먹는 신은 깨끗하지 못한, 부정한 신이며, 하급 신으로 취급을 받는 것이다. 돼지를 함부로 잡아먹어서는 안 된다는 것을 신의 서사로 확실하게 각인시키고 있는 셈이다. 신화 연구가 강순희는 이렇게 돼지고기를 먹어 쫓겨나는 서사에 대해, 공동체에서 신화를 통해 모범을 세움으로써 사회 질서를 확립시키고자 했다고 강조한다.

중전대부인은 농경신이자 산육신으로 당 안에 좌정했다. 그런데 정절상군농은 농사와 관련한 금기를 어겼기 때문에 농경신의 직능이 약화되었다. 대신 아이를 기르고 피부병을 고쳐주는 치병신이 되었다. 또한 돼지고기를 제물로 받음으로써 단골들에게 고기 먹을 기회를 마련해 주었다.

언젠가 궁당에 가보았을 때, 제단 한쪽에 손때 묻은 사전이 하나 놓여 있었다. 혹시나 학생 중에도 단골이 있는 건 아닐까? 기대에 못 미친 성적표를 받고 심란해진 학생이 슬며시 숨어들어와 사전을 제단에 올리며 마음을 다잡는 광경을 상상해 보았다.

고등학교 울타리 안에 위치한 궁당.

외도동 두리빌렛당에서 만나는 민초들의 생명력

조선 숙종 때 제주 목사로 부임한 이형상은 백성들의 풍속을 교화한다는 명목으로 무속 신앙의 근거지인 신당을 129개소 파괴했다. 하지만 그가 떠나고 새로운 목사가 부임하자마자 파괴된 신당들이 대부분 복구되었다. 권력이 칼자루를 휘두를 때는 죽은 듯 쓰러져 있다가 바람이 지나가면 다시금 일어서는 민초들의 생명력이다.

이형상 목사가 제주에 부임하고 섬을 한 바퀴 도는데, 산담이 허물어지고 소가 들어가 묘를 파버린 곳도 많았다. 목사는 대정원, 정의원, 목관원에 통지해서 산담을 보수하도록 명을 내렸다.

이형상 목사는 김녕 궤네깃당(원래 김녕사굴이 궤네깃당이었음)에서 해마다 처녀를 제물로 받는다는 소문을 들었다. 목사가 직접 궤네깃당에 출두하여 어느 게 귀신이냐고 주민들에게 물으니 심방이 굿을 하면 보인다고 말했다.

이 목사가 심방을 데려다가 굿을 벌이도록 지시를 내렸다. 심방이 한참 굿을 하고 있는데 커다란 뱀이 불쑥 머리를 내밀었다. 이목사는 심방에게 뱀이 상석에 앉도록 하라고 명했다. 심방이 더욱 열심히 굿을 펼치니 마침내 뱀이 상석에 올라앉았다. 이에 이목사는 포수를 시켜 총으로 쏘아 죽였다.

그날 이 목사가 성내로 돌아와 잠을 자는데 백발노장이 꿈에 나타나 말했다.

"지금 당장 영천 고을로 돌아가지 않으면 너는 귀신이 들러붙어 죽게 될 것이다."

잠에서 깬 이형상 목사는 부랴부랴 배를 잘 타는 박동지 김동지 영감을 불러 영천골로 태워다 달라고 했다. 이형상 목사가 배를 타고 도망가는데 무지개가 배 위에 바짝 붙으며 쫓아왔다.

이 목사가 고향 영천골로 돌아와 보니 아들 하나가 죽어 있었다. 뱀이 이 목사 대신 아들의 목숨을 앗아간 것이다. 이 목사는 죽은 아들을 부여잡고 한동안 말을 못 했다.

정신을 차린 이 목사가 사공에게 무엇으로 공을 갚아주면 좋겠느냐고 물었다.

"무곡이나 한 배 내어주면 제주에 가져가서 굶는 백성들에게 나누어주겠습니다."

이 목사가 무곡을 내어주니 김동지와 박동지는 배에 싣고 제주로 향했다. 그런데 갑자기 배에 구멍이 터지더니 아래로 가라앉는 게 아닌가! 놀란 김동지, 박동지가 무릎을 꿇고 하늘을 우러르며 빌었다.

"이 무곡은 굶는 백성에게 나누어주려고 하는 것이우다. 그러니

제발 살려주십서."

그렇게 울부짖으며 빌고 있으니까 배 깃대꼭지로 큰 구렁이가 한 마리 스르륵 내려왔다. 구렁이는 바닥으로 내려와 구멍 난 곳을 막아주었다. 그러자 배가 두둥실 물 위로 다시 올라와 모두들 목숨을 구할 수 있었다. 등북 포구에 무사히 배를 댄 김동지와 박동지는 인부를 불러다가 무곡을 퍼 나르게 하고 배고픈 백성들에게 나눠주었다.

김동지 부인이 남편한테 구렁이 얘기를 듣고는 곧장 바닷가로 달려가서 치맛자락을 펼쳤다.

"우리한테 태운 조상이건 이 치마로 기어드십서."

김동지 부인의 말에 구렁이가 치마로 기어들어 왔다. 김동지 부인은 자리를 마련해 좌정시키고 신으로 섬기기 시작했다.

뱀신은 영등 달 초하룻날 일천 어부 일천 잠수에 숨비소리(해녀들이 물 위로 올라오며 내는 휘파람 소리) 듣기 위하여 두리빌레 바닷가로 내려간다. 그리고 초하루 보름에는 마른 밭으로 올라와서 만민자손에 제사상을 받았다.

본풀이에 대대적으로 제주의 신당을 파괴한 이형상 목사가 등장하고 있다. 민간 신앙 입장에서는 끔찍한 재앙을 불러일으킨 당사자인데도 이형상 목사의 치적을 들어 보이기까지 한다. 산담을 쌓게 해서 조상의 무덤을 보호하고, 처녀를 제물로 받는 궤네깃당 뱀신을 처치했다는 것이다.

하지만 진짜로 하고 싶은 말은 뒤에 나온다. 이형상은 신의 노여움을 받아 도망가야 했고, 결국 그의 아들을 잃고 만다. 또한 이형

내도동 알작지 해변의 두리빌렛당.

상 목사를 도망시킨 김동지와 박동지도 배에 구멍이 나서 죽을 위기에 처한다. 김동지와 박동지가 하늘을 우러러보며 살려달라고 빌었고, 뱀신이 내려와 구멍을 막아주었다. 그러니까 이형상 목사를 칭송하는 서사가 아니라 우리가 모시는 신이 더 위대하다는 얘기를 간곡하게 들려주고 있다.

두리빌렛당은 내도동 알작지 해변에 있다. 동글동글 알처럼 매끄러운 작지(작은돌)가 많다고 해서 알작지 해변이라고 부르는 곳이다. 해안도로가 만들어지기 전에는 알작지 해변이 넓게 펼쳐져 있었는데, 도로 건설 이후 알작지 해안가가 자꾸만 줄어든다고 한다. 게다가 지구 온난화로 해수면이 자꾸만 높아진다고 하니 두리빌렛 당마저 썰물에도 잠길 듯 위태로워 보인다.

신화를 전승하고 있는 민간 신앙의 성지는 이제 개발과 기후위기라는 새로운 적과 마주하고 있다. 민간 신앙의 성지가 맞닥뜨린 위기는 우리 자신의 위기이기도 하다. 우리는 개발과 기후위기라는 파고를 어떻게 넘어설 수 있을까. 알작지 해변에 서서 출렁이는 파도를 바라보며 민초들의 생명력에 대해 생각해 본다.

부의 신이 좌정한 화북 윤동지영감당

바다를 터전으로 생계를 일구며 살아가는 사람들이 극진히 모시는 신이 있으니, 바로 낚싯줄에 걸려 올라온 미륵돌이다. 제주에는 미륵돌을 모시는 신당이 여럿 있는데, 특히 화북 윤동지영감당은 미륵돌의 차림새가 남다르고, 당본풀이도 서사가 잘 짜여 있다.

화북마을 윤씨 어부가 갈치를 낚으러 바다에 갔다. 그런데 원하는 갈치는 잡히지 않고 이상한 돌덩이가 올라오는 게 아닌가. 어부는 돌덩이를 바다에 던져버리고 다시 낚싯줄을 드리웠는데 같은 돌덩이가 자꾸만 올라왔다. 세 번째도 네 번째도 계속해서 같은 돌덩이가 올라오니 아무래도 예삿일이 아닌 것 같았다.

어부는 돌덩이를 뱃머리에 조심스럽게 올려놓으면서 말했다.

"혹시 나한테 태운 조상이건 고기나 많이 낚게 해줍서."

그러자 신통하게도 고기가 쑥쑥 올라오더니 배가 넘칠 만큼 가득 찼다. 만선을 이룬 윤씨는 흐뭇하여 화북 포구로 돌아왔다.

포구로 돌아온 윤씨는 돌덩이를 아무렇게나 내팽개쳐 버렸다. 그렇게 화북 포구에 덩그러니 놓인 돌은 드나드는 어선들의 닻줄을 매는 것으로 쓰였다.

얼마 안 있어 윤씨 어부는 몸에 부스럼이 가득 나고 열이 끓어 드러눕게 되었다. 온갖 약을 쓰고 의원을 찾아도 낫지 않자 결국 윤씨는 심방한테 가서 점을 쳐 보았다.

심방이 이리저리 짚어보고 말했다.

"석상미륵 돌부처의 조화우다. 베풀어 준 은덕을 잊고 포구에 팽개치는 바람에 낮에는 볕에 그을리고 밤에는 찬 이슬 맞게 되난 돌부처가 노하여 벌을 받고 있는 거우다."

그제야 자신의 잘못을 깨달은 어부는 부랴부랴 포구로 달려갔다. 윤씨는 포구에 팽개쳐 있는 돌덩이를 동네 안으로 옮겨 와 좌정시키고 미륵신으로 정성껏 모시기 시작했다. 그러자 윤씨의 병이 씻은 듯이 나았고, 동지라는 벼슬까지 얻어 부자가 되었다. 동네에서는 윤동지가 돌부처의 은덕을 입었다는 소문이 자자했다.

하루는 마을 청년들이 윤동지한테 시비를 걸었다.

"요즘 세상에 귀신이 어디 있수과? 쓸데없는 짓이우다."

청년들은 행패를 부리면서 미륵돌이 있는 당에 가서 나무를 쌓고 불을 질렀다. 불이 활활 타오르자 미륵돌이 벌떡 일어나더니 불길을 헤치고 걸어 나왔다. 이를 본 청년들이 기겁하여 걸음아 날 살려라 하고 도망쳤다. 행패를 부렸던 청년들이 그날로 병을 앓아 일어나지 못하는가 하면, 실성하여 물에 빠져 죽기도 했다.

윤동지 영감은 마을 바깥으로 미륵돌을 옮기고 울담을 둘러 당을 만들었다. 그렇게 정성껏 섬기게 되었으니 미륵돌은 윤씨 집안의 조상신이 되었다.

자손들이 당에 갈 때는 창호지 두 장을 가지고 간다. 창호지 한 장은 송낙을 만들어 석상미륵 돌부처에 씌우고, 또 한 장은 가느다랗게 접어서 허리띠로 맨다. 제물은 메(밥) 네 개, 돌래떡 네 쟁반, 달걀 네 개, 생선 한 마리 마련한다. 메 하나는 석상미륵에 올리고, 메 세 개는 용왕 몫으로 올리고, 바닷고기는 군졸 몫으로 올린다.

윤동지영감당 본풀이는 바다에서 건져 올린 미륵돌을 집안의 조상신으로 모시는 이야기이다. 미륵돌을 잘 모시자 윤씨 어부는 동지라는 벼슬도 얻고, 부귀영화를 누리며 살게 되었다. 점차 화북마을 주민들도 윤동지영감당의 단골이 되었으니, 미륵돌은 주민들을 지켜주는 마을신이 되었다.

신화 연구가 강순희는 윤동지영감당 미륵돌 서사는 미륵부처님의 특징을 갖추고 있다고 얘기한다. 미륵은 미래에 인간 세계에 태어나 중생을 구원한다는 부처님이다. 민중과 함께하는 실천하고 움직이는 부처님이기 때문에 앉아 있는 좌상보다는 서 있는 입상이 많으며, 주로 모자를 쓰고 있다. 미륵돌이 불길을 뚫고 걸어 나왔다는 서사나 창호지로 송낙을 만들어 씌우고, 또 한 장은 허리띠를 만들어 매는 것 역시 실천하고 움직이는 미륵부처님의 특징을 보여준다고 한다.

또 하나 재미있는 것은 미륵돌 옆에 있는 자그마한 돌에 머릿수건을 해놓은 것이다. 그냥 보면 평범한 돌멩이인데 이렇게 머릿수

하얀 창호지로 옷을 해 입힌 윤동지 영감당의 미륵돌.(사진: 김일령)

건을 해놓으니 언뜻 보면 새초롬한 아낙네처럼 보인다. 어떤 이는 머릿수건을 한 돌멩이를 신화에 나와 있는 군졸들이라고 의미를 붙이기도 했다.

윤동지영감당이 있는 제주시 화북동 바닷가 쪽은 현재 상업지구로 지정되어 대대적으로 공사 중에 있다. 주변이 파헤쳐지고 사방으로 길을 내면서 윤동지영감당만 오도카니 남아 있다. 상황이 어떠한가 알아보려고 찾아갔다가 공사장 한복판에서 길을 잃고 헤매었다. 주변 이정표가 사라져서 방향을 가늠할 수 없었기 때문이다.

화북 주민센터에 전화해서 위치를 물으며 겨우 찾아내고 보니 당이 풀숲에 뒤덮여 있었다. 공사가 끝나고 나면 다른 곳으로 이전할 예정이라는 말을 들었지만 계속해서 보존될 수 있을지, 혹은 어디로 옮겨질지 확실하지 않다. 그 어느 때보다도 '돈'에 대한 욕심과 집착이 강한 시대이지만, 신의 은덕으로 열심히 일한 만큼 부자로 잘살 수 있으리라는 소박한 믿음은 개발 광풍에 여지없이 매몰되고 있는 광경이다.

소별왕과 대별왕을 본향신으로 섬기는 마을들

소별왕과 대별왕은 제주의 대표 신화인 열두 본풀이 중 천지왕 본풀이에 등장하는 신들이다. 천지개벽 창세신화에서 소별왕과 대별왕은 두 개씩 떠 있는 해와 달을 화살로 쏘아 떨어뜨려 하나씩만 남게 함으로써 세상의 평화와 질서를 가져왔다. 그런데 이승을 다스리는 소별왕과 저승을 다스리는 대별왕을 신으로 모시는 마을이 있다. 바로 오등동과 해안동 마을이다.

천지왕 아들 대별왕 소별왕 형제가 구월 초여드렛날 인간 세상을 구경하러 내려왔다. 대별왕 소별왕이 유람을 다니다 논밭을 지나게 되었다. 이리저리 둘러보니 벼 이삭 노랗게 물결치는 나락 밭이 가장 볼 만했다.

형제는 노랗게 익은 벼 이삭을 하나 따서 입에 넣고 씹어 보았다. 제법 맛이 좋아 이게 무엇인가 하면서 고고리를 뜯어 한 톨 두 톨 씹어 삼켰다. 그러다가 하늘옥황으로 돌아가니 아버지 천지왕이 바로 알아보고 추궁했다.

"어찌하여 너희한테서 인간의 녹내가 나느냐?"

"농부가 농사를 많이 지었는데 보기 좋은 것은 황금 들녘이라 이리저리 구경하다 이삭을 따서 맛을 보았습니다."

천지왕이 아들들에게 인간 백성의 녹을 먹었으니 하늘옥황에 그대로 둘 수 없다며 명을 내렸다.

"당장에 인간 세상으로 귀양을 내려가라."

그리하여 대별왕 소별왕 형제가 인간 세상으로 귀양정배를 내려왔다. 대별왕은 해안 강구물동산에 좌정하고, 소별왕은 처음에 오드싱 섯머세에 있다가 동머세로 가서 좌정했다.(머세는 돌무더기가 깔린 곳을 이른다.)

제주의 대표 신화인 열두 본풀이는 두이레 열나흘 동안 펼쳐지는 제주 큰굿 의례에서 구송하는 신화들이다. 큰굿의 진행에 따라 차례차례 가창되는 이 본풀이들은 '천지창조, 삶과 죽음, 직업과 운명' 등 일반적인 내용을 다루기 때문에 일반본풀이라고 분류한다.

당본풀이는 마을의 당에 좌정하고 있는 신의 서사로 공동체의 설촌 조상인 경우가 많다. 그래서 일반본풀이에 등장하는 신을 마을의 신으로 모시는 경우는 찾아보기 어렵다. 그런데 오등동과 해안동 마을에서 창세신화에 등장하는 소별왕과 대별왕을 본향신으로 섬기고 있는 것이다.

보통 하늘 옥황이나 바다 용궁 등 다른 세계에서 제주로 들어와 신으로 좌정할 경우, 죄를 지어 귀양을 온다는 모티프를 가지고 있

절물동산당의 신목 팽나무 앞에 서서 내려다본 풍경.

다. 이는 제주가 조선 시대 대표적 유배지라는 지역 특성에서 비롯한 서사일 것이다. 아무리 그렇더라도 감히 이승을 다스리는 소별왕과 저승을 다스리는 대별왕을 귀양 내려오게 하다니 참으로 배포가 두둑하지 않은가.

소별왕이 좌정하고 있는 오등동 오드싱당과 대별왕이 좌정하고 있는 해안동 절물동산당은 주변보다 높은 언덕에 자리 잡고 있다. 오등동과 해안동이 한라산 자락에 있어 해발고도가 제법 높은 지역인 데다 당들이 동산에 있으니 어지간한 것은 시원하게 내려다 보인다.

특히 해안동 절물동산당은 외곽에 위치하여 가리는 것이 없으니 제주에서 가장 높다는 드림타워의 볼썽사나운 몰골도 저 아래 내려다볼 수 있을 정도다. 어쩌면 이렇게 하늘과 가까운 곳에 있어 어지간한 것은 다 내려다보이는 곳에 살다 보니 이승 왕과 저승 왕을 마을의 신으로 모시는 배포를 가지게 되었는지도 모른다.

비극의 사연을 품은 다랑곳 와당당 막개당

제주시 연동 남녕고등학교 근처 건물들 사이로 수백 년 묵은 신목 팽나무가 위용을 자랑하는 당이 하나 있다. 바로 다랑곳 와당당 막개당이다. 이름도 재미있는 이 당에서 뜻밖에도 비극의 서사를 만났다.

송씨 부인이 딸을 데리고 냇가에 빨래를 갔다. 빨랫감을 물에 적셔 막개로 당당 두드리고 있는데 딸이 한눈 팔다가 그만 빨랫감을 놓쳐버렸다.

물에 휩쓸려 빨래가 떠내려가자 송씨 부인은 화를 참지 못하고 막개로 딸의 머리를 내리쳤다. 머리를 맞은 딸이 쓰러져 다시는 일어나지 못했다. 그만 숨이 끊어져 버린 것이다.

엇결에 딸을 죽인 꼴이 되었으니, 송씨 부인은 놀라고 기가 막혔다. 통곡을 하던 부인은 딸을 죽인 막개로 자신의 머리를 내리쳐 스스로 목숨을 끊었다.

사연을 알게 된 마을 사람들은 어머니와 딸의 영혼을 위로하면서 만년폭낭 팽나무 아래 좌정시켜 신으로 모시기 시작했다. 차츰 송씨 할망 모녀를 신으로 모시는 사람이 늘어나니 막개당은 마을의 모든 일을 관장하는 본향당이 되었다.

처음 막개당 신화를 읽는데, 어처구니없는 비극의 사연에 '세상에나!'라는 말이 절로 터져 나왔다. 이렇게 기막힌 죽음이라고? 더욱이 놀라운 것은 마을 사람들이 황망하게 세상을 떠난 모녀를 끌어안아 마을의 신으로 모신다는 사실이다.

본풀이의 기구한 사연에도 불구하고 당 이름이 재미있었다. '와당당 막개당당!' 막개는 빨래할 때 쓰는 나무 방망이이다. 당 이름만 들어도 막개로 빨래를 당당 두드리는 소리가 들리는 듯하니 소박하면서도 생동감이 넘친다.

이 당이 남녕고등학교 체육관 근처에 있다고 해서 동료들과 답사에 나섰다. 그런데 냇가는 건물 숲에 가로막혀 보이지 않았고, 미로와 같은 골목이 끝도 없이 이어졌다. 몇 번이고 골목을 돌고 또 돌다가 마침내 다세대주택 뒤로 돌아가는 순간 팽나무가 위용을 자랑하며 떡하니 모습을 드러내었다. 겨울 끝자락 잎을 다 떨궈버린 팽나무 가지들은 옹이로 박힌 비극의 사연을 그대로 드러내며 장관을 이루고 있었다. 가장자리를 수놓은 동백꽃도 골목길을 빙빙 돌며 조바심치던 우리의 가슴을 상쾌하게 수놓아주었다.

이 동네 토박이인 선배 말에 의하면, 모녀가 빨래를 했다는 하천은 엉내라고 하는데 평소에는 건천이었다가 비가 오면 제법 깊고

막개당 신목 팽나무와 가장자리를 수놓은 동백꽃.

물살도 세었다고 한다. 엉내에서 헤엄치고 다이빙도 하면서 놀았다는 얘기를 듣다 보니 가련한 소녀의 심정이 그대로 느껴졌다. 왁자지껄 놀고 있는 아이들을 보면서 같이 어울려 놀고 싶었을 것이다. 한눈팔다가 빨랫감을 놓치게 된 것이리라.

소문난 잔치에 볼거리도 많은 칠머리당 영등굿

칠머리당은 현재 제주에서 가장 잘나가는 당이라 할 만하다. 제주 칠머리당 영등굿은 2009년 중요무형문화재 제71호로 등재되었고, 유네스코 세계무형문화유산 대표 목록으로도 지정되었다. 칠머리당은 원래 산지부두 쪽에 있다가 사라봉 기슭으로 옮겨왔다. '칠머리'는 건입동 바닷가에 툭 튀어나온 언덕 이름이었다는데, '파도치는 머리'라는 뜻으로 해안가 지역 당 신화에 종종 등장한다.

도원수 감찰지방관은 강남천자국 가달국서 솟아났다. 도원수의 아버지는 하늘이요, 어머니는 대지이니, 하늘과 땅의 기운을 물려받아 천하맹장이 되었다.

나라 밖에서 남북적이 강성하여 자꾸 침범해 들어오자, 도원수 감찰지방관이 황제께 남북적을 평정하겠노라고 나섰다. 이에 천자님이 무쇠 투구, 갑옷, 언월도, 비수검을 내어주었다. 도원수는 갑옷을 갖춰 입고 백만 대병 거느려 적을 물리쳤다.

황제께서 도원수 감찰지방관을 칭찬하시고 원하는 것을 말하면 무엇이든지 들어주겠다고 했다. 그러나 도원수 감찰지방관은 모든 것을 사양하고 물러 나와 세상을 유람하고 다녔다. 그러다가 용왕황제국에 들어가 황제국 따님을 배필로 맞이했다.

도원수는 부인을 데리고 제주로 들어왔다. 한라산 백록담으로 가서 혈기를 짚어보고 황세왓으로 사기왓으로 내려오다 건입동 산지부두 칠머리에 좌정했다. 낳는 날 생산 차지, 죽는 날 물고를 차지하고 장적, 호적을 관장하면서 앉아 천리 보고 서서 만리를 보는 본향신이 되었다.

용궁 해신부인은 만민 해녀와 상선 중선 어부들을 돌보면서 자손들이 부귀영화를 누리게 해준다. 2월 초하루 영등환영제, 2월 열나흘 영등송별제를 받는다.

2월 초하루에 제주에 왔다가 보름간 머물다 떠나간다는 영등바람은 어찌나 매서운지 이 기간에는 생업 활동이 어려웠다. 그래도 이 시기를 넘기면 마침내 따뜻한 봄바람이 불어와 농사와 어로 활동을 할 수 있으니, 사람들은 짧은 기간이나마 휴식을 취하면서 영등굿으로 가무와 놀이를 즐겼다.

칠머리당 영등굿은 소문난 잔치에 볼거리도 풍성하다. 음력 2월 1일 영등환영제는 간단하게 치르고 2월 14일에 영등송별제를 성대하게 벌이는데, 아침 9시에 시작하여 저녁 6시경에야 마무리된다. 칠머리당영등굿보존회에 소속된 심방들이 많으니, 중심에서 이끌어가는 심방 외에도 여러 심방들이 각각의 제차를 맡아 장기

칠머리당영등굿 중 도깨비 영감놀이.

를 발휘한다.

일곱 제차로 진행되는 영등굿 가운데 특히 마지막 부분에서 벌어지는 영감놀이가 일품이다. 도깨비 영감신을 모시고 놀리는 연극적인 제차로 신의 내력인 선앙풀이가 구송되고, 도깨비 분장을 한 사람들이 서우젯소리를 부르면서 단골(신앙민)들과 흥겹게 춤을 추다 물러난다.

이날은 영등할망이 물러나면서 심술 좀 부리는지 바람이 몹시 매섭다. 그래서 구경 갈 때마다 두꺼운 외투에 장갑까지 끼고 있어 보지만 여전히 추위에 떨면서 어깨를 웅송그리곤 한다. 그런데 단골인 해녀 할머니들은 이제 칠팔십의 나이가 되어 보이는데 얇은 치마저고리를 입고 있다. 평생을 함께해온 영등굿인지라 대목마다 자신들이 나서야 할 지점을 알아차리고 척척 움직이는 모습도 감탄을 자아낸다. 추운 겨울에도 거침없이 바닷속으로 뛰어들며 삶을 일구어 온 전사의 모습이다.

문득 해녀 할머니들이 돌아가시고 나면 영등굿은 어떻게 될까 생각이 많아진다. 어쩌면 칠머리당영등굿은 신앙민 없이 치러지는 문화 행사, 화석화된 의례가 되지 않을까. 나를 포함하여 관람석에 앉아 지켜보는 이들은 대부분 구경꾼, 그러니까 문화 행사의 소비자에 지나지 않을 테니 말이다.

과거의 영화를 품은 용담 내왓당의 무신도

세상에 영원한 것은 없으니, 아무리 부귀영화를 누린다고 해도 예외 없이 흥망성쇠라는 역사의 수레바퀴에 깔리지 않을 수 없다. 용담동 한천 냇가에 있었다는 내왓당 역시 한때 번영을 누렸으나 세월의 무상함을 비껴 가지 못했다. 하지만 과거의 영화는 무신도 열 폭과 신의 서사를 남겨놓았다. 내왓당에 전해 오는 신화는 이곳에서 모셨던 열두 신 중 '천자또'에 대한 내력이다.

대국 천자 아들이 세 살 적에 아버지가 세수하러 간 사이 은동곳(상투에 꽂는 물건)을 가지고 놀았다. 아버지가 세수를 마치고 돌아와 상투를 틀려고 하니 은동곳이 보이지 않았다. 천자는 아들이 은동곳을 가지고 놀다가 잃어버린 걸 알고는 불같이 화를 내면서 무쇠설캅(무쇠함)에 가두고 바다로 던져버렸다.

천자 아들이 무쇠설캅에 갇혀서 물 아래 삼 년 물 위 삼 년 하면서 여섯 삼 년을 떠다니다가 동해 용궁 산호수 윗가지에 걸렸다. 용해 용궁 강아지가 산호수 윗가지에 걸린 무쇠설캅을 알아보고 들이대며 컹컹, 내빼면서 꽁꽁 시끄럽게 짖어댔다.

강아지가 하도 시끄럽게 하니 용왕이 누가 왔는가 하고 딸들에게 나가보라 했다. 큰딸과 둘째 딸은 아무 일도 없다고 하면서 그냥 돌아왔다. 하지만 셋째 딸은 산호수 윗가지에 무쇠설캅이 걸린 걸 알아보았다. 셋째 딸은 산호수에 바짝 다가서서 주먹으로 땅땅 내리쳤다. 그러자 무쇠설캅이 아래로 툭 떨어졌다. 무쇠설캅이 저절로 설강 열리면서 웬 사내가 모습을 드러냈다. 운문대단으로 안을 받치고, 다홍대단 불림끈에, 소공단 죄움끈에 갓끈 매고, 천 근 활에 백 근 화살을 어깨에 진 옥 같은 도령이었다.

용왕이 크게 놀라 어디서 온 누구냐고 물었다. 도령은 용왕에게 대국에서 유람차 나왔다가 샛바람이 불어 무쇠설캅이 산호수 가지에 걸리는 바람에 용궁에 들었노라고 대답했다. 이에 용왕이 보통 인물이 아니구나 생각하고 셋째 딸의 사위로 삼았다.

그날부터 용궁에서 사위 대접을 한다고 푸짐하게 상을 차렸는데, 도령이 본체만체했다. 사위가 수저도 들지 않는다는 말에 용왕이 친히 나와 왜 그러냐고 물었다.

"우리 대국에서는 음식상을 받을 때 흰 쌀밥에 쌀 시루떡, 소주에 달걀 안주해서 칠첩반상을 받습니다."

용왕은 그 정도 사위 대접을 못 하겠느냐고 큰소리를 치면서 창고를 열어놓았다. 그날부터 칠첩반상으로 사위 대접이 이어지는데, 날이 가고 해가 가자 동창고도 비어가고 서창고도 비어갔다.

"이거 사위 대접하다 동해 용궁이 망하겠구나."

용왕이 한탄하면서 셋째 딸을 불러 말했다.

"너로 인해 생긴 시름이니 네 서방을 데리고 당장 용궁을 나가거라."

셋째 딸이 용왕의 옷소매를 붙들며 호소했다.

"아버님, 저희가 살 방도를 마련해 주십시오."

용왕은 못 이기는 척 사위에게 바람웃도 벼슬을 내리고 청총마를 내어주었다. 어머니도 눈물로 딸을 보내면서 아끼는 금봉도리채 부채를 쥐여주었다.

바람웃도가 용궁을 나와 금봉도리채로 바닷물을 세 번 후려치니 바닷길이 활짝 열렸다. 바람웃도는 공주와 함께 말을 타고 제주섬으로 올라와 천기지기를 짚고는 오라리에 들어섰다. 바람웃도는 내왓당에 좌정하여 천하 거부로 잘 살았는데, 난 밭 든 밭 노비 권속 거느리고 태평성대를 누렸다.

내왓당은 제석천왕마노라, 본궁전, 어모라원망님, 수랑상태자마노라, 천자또마노라, 감찰지방관한집마노라, 상사대왕, 중전대부인, 정절상군농, 자지홍아기씨, 내외불도마노라 12신위 모신다.

본풀이에 등장하는 천자또는 천자국의 아들이라고 하는데, 이달춘이 구송한 본풀이에는 송당계, 즉 송당 백주또와 소천국의 아들이라고 계보를 밝히고 있다. 서사 역시 송당계 아들들이 바다로 진출하여 용왕황제국 따님아기와 혼인하고 돌아오는 일대기를 그대로 따르고 있다.

그런데 신화를 쭉쭉 읽어 내려가다가 말미에 이르러 삐끗하는 느낌이 들었다. 마치 길가에 툭 튀어나온 돌부리에 차인 것처럼 말이다. “천하 거부로 잘 살았는데, 난 밭 든 밭 노비 권속 거느리고 태평성대를 누렸다.”는 대목에서였다. 신화 연구가 강순희는 이러한 돌부리를 “신의 서사 안에 숨어 있는 인간의 문화 즉, 문화소”라고 했다. 천하 거부로 잘 살았느니, 노비 권속을 거느렸느니 하는 것들은 부귀영화를 누리는 인간의 살림살이를 말하는 것이다.

실제 내왓당은 매우 번성했던 모양이다. 열두 폭 무신도를 걸어놓을 정도의 건물을 갖추었을 테니까 말이다. 제주의 신당들은 당집도 없이 소박하게 바위나 나무 아래 위치하는 게 대부분이 아닌가. 내왓당은 12신위 중에 ‘제석천왕’처럼 불교 색채가 짙은 신이 있는 걸 보면 그야말로 절당이라고 부를 수 있는 규모였지 않았을까.

내왓당은 국가에서 인정하는 ‘국당’이었다고 한다. 그리고 당의 매인 심방은 제주도 심방 조직을 대표하는 도행수였다. 하지만 조선 말기 고종 임금 19년에 내왓당이 훼철되어 역사 속으로 사라졌으니 지금은 어느 곳에 있었는지 정확한 위치조차 가늠하지 못한다. 고종 19년인 1882년은 임오군란이 일어난 해로 정세가 몹시 어수선했는데, 이때 제주의 대표 신당인 차귀당과 내왓당을 철폐한 것이다.

현용준의 『제주도 신화의 수수께끼』에 의하면, 내왓당이 파괴될 때 매인심방이었던 고임생이 이곳에 걸려 있던 무신도를 자기 집으로 옮겨놓았다고 한다. 그 후 고임생이 사망하고 가세가 기울어 살 곳이 없으므로 부인이 산지천 위쪽 남수각 굴속에 살면서 무신도를 모셨다.

세월이 흘러 부인마저 사망하자 고임생 딸이 무신도를 굴천장 바위틈에 방치하고 있었다. 그러다가 민속학자 현용준이 우연히 발견하고 1963년에 제주대학교 박물관으로 옮겨 보관하게 되었다. 무신도는 제주 민중들의 원초적 신앙과 생활 정서, 그리고 미의식을 유감없이 담고 있다고 평가되어 중요민속문화재 240호로 지정되었다.

이 글을 정리하면서 감사하게도 제주대학교 박물관 측으로부터 무신도의 사진 파일을 제공받을 수 있었다. 발견될 당시 보존 기간이 500년 이상으로 추정된다는데도 색감이 선명하고 무척 화려한 편이라 한다. 화법이 독특하고 표현이 뛰어나다고 평가받는 내왓당의 무신도를 몇 번이고 열어보면서 제주 사람들의 의식을 지배했던 신들의 세계를 상상해 보곤 했다.

문무를 겸비한 천자또마노라(제주대학교 박물관 소장)

스님의 모습을 한 불교신이면서 농신 제석천왕마노라(제주대학교 박물관 소장)

치병재액의 권능을 지닌 신으로 추정하는 본궁전(제주대학교 박물관 소장)

신들의 고향, 제주를 걷다

1판 1쇄 발행 | 2024년 6월 30일

지은이 | 여연
펴낸이 | 조영남
펴낸곳 | 알렙

출판등록 | 2009년 11월 19일 제313-2010-132호
주소 | 경기도 고양시 일산서구 중앙로 1455 대우시티프라자 715호
전자우편 | alephbook@naver.com
전화 | 031-913-2018
팩스 | 031-913-2019

ISBN 979-11-89333-80-5 03210

이 책은 제주특별자치도와 제주문화예술재단의 2024년 제주문화예술재단 지원사업 후원을 받아 발간되었습니다.

*책값은 뒤표지에 있습니다.
*잘못된 책은 바꾸어 드립니다.